ELOGIOS A RECRIAR

Nossos jovens são nosso recurso natural mais precioso, mas atualmente eles estão sofrendo um ataque sem precedentes. Nossos filhos estão sendo alvejados um a um por meio de enganos porque os pais não sabem como prepará-los para enfrentar algo que eles mesmos nunca experimentaram. *Recriar* é um manual de sobrevivência para as famílias que revela como retomar o controle da cultura, uma família de cada vez.

David Barton
Fundador e Presidente da Wallbuilder Presentations Inc.

Ron Luce expressou com clareza o grito de guerra que há em seu coração neste seu tremendo livro, *Recriar*. Encorajo firmemente pais e avós de crianças de todas as idades a agirem de acordo com esta maravilhosa mensagem. Se você não tiver sonhos para ajudar a moldar o futuro de seus filhos, o egoísmo e a cultura destrutiva que nos cerca certamente farão isso.

Tommy Barnett
Pastor da Phoenix First Assembly e do Los Angeles Dream Center

Ron Luce reconhece a força da nossa cultura e compreende a necessidade urgente de equipar os pais para permanecerem firmes na luta por suas famílias. Não se engane: a guerra cultural é real, mas graças à visão estratégica e aos princípios que Ron apresenta nestas páginas, poderemos alcançar a vitória.

Jodie Berndt
Autor de *Praying the Scriptures for Your Teenagers* (Orando as Escrituras Por Seus Adolescentes)

Um homem que tem dedicado sua vida a alcançar nossa juventude agora apresenta seu objetivo de maior significância: alcançar os pais. Ron Luce permanece firme no vale da convicção, lançando uma pedra no meio dos gigantes que destroem nossos jovens.

Pastor Glen Bertau
Pastor do Calvary Temple Worship Center

Em *Recriar*, Ron deu um passo no sentido de alertar os pais que necessitam compreender a cultura que está formando nossos filhos. Com sua mensagem estratégica e poderosa, Ron tem feito com que pais se posicionem e exerçam uma influência mais vigorosa dentro dos lares, criando seus filhos para que sustentem os propósitos de Deus em sua geração.

John e Lisa Bevere
Cofundadores do ministério Messenger International, preletores e autores de best-sellers

Recriar oferece auxílio prático e esperança para os pais que estão chocados pela realidade enganosa que permeia a cultura em que seus adolescentes vivem. Esta é uma convocação urgente; trata-se do resgate de nossos filhos... e da nossa nação!

Jeff Farmer
Presidente da Open Bible Churches e vice-presidente Associação Nacional de Evangélicos

Ao compartilhar alguns destes princípios com minha congregação, Ron Luce lançou um grande desafio e também motivou nosso pessoal. Ele é um homem comprometido em transformar o mundo. Vamos ajudá-lo a fazer isso!

Dr. Ronnie W. Floyd
Pastor Sênior da igreja First Baptist of Springdale e da igreja The Church at Pinnacle Hills

Repleto de informações atuais e surpreendentes tanto para pais quanto para estudiosos, *Recriar* é um toque de despertar para o Corpo de Cristo no que diz respeito à guerra cultural que está sendo travada pelas mentes e almas desta geração.

Pastor Jentezen Franklin
Autor best-seller do New York Times e Pastor Sênior da Free Chapel

Vivemos hoje um inegável momento de crise. Os Estados Unidos atingiram seu ponto crítico e Ron sabe que o inimigo agora já entrou portas adentro. Você e eu precisamos vencer essa batalha pelos nossos jovens. O discernimento de Ron Luce será um componente fundamental na nossa vitória.

Jim Garlow
Pastor da igreja Skyline

O melhor exemplo bíblico de discipulado é um pai treinando um filho. Ron Luce escreve com autoridade, conhecimento e paixão. Ele irá fornecer as ferramentas de que você precisa para garantir a saúde espiritual de seus filhos.

Alton Garrison
Assistente da Superintendência Geral das Assembleias de Deus nos Estados Unidos

A cultura exerce uma influência em nossa vida da qual não podemos escapar. A questão é: nós a absorvemos ou nos opomos a ela? Em *Recriar*, Ron Luce expressa um plano dinâmico para confrontar e transformar as forças destrutivas da cultura popular que cerca nossa geração.

Dr. Jack Graham
Pastor da Prestonwood Baptist Church

Ron Luce diagnosticou a doença presente em nossa cultura que está dilacerando a estrutura das famílias. Cada mãe e cada pai devem ler estas palavras e aplicá-las na criação de uma nova geração de jovens preparados para enfrentar os desafios da vida com o poder do evangelho.

Dr. O. S. Hawkins
Presidente da Annuity Board of the Southern Baptist Convention

Como veterana no ministério voltado para a juventude e mãe de dois maravilhosos jovens, recomendo *Recriar* a todos aqueles que não querem tropeçar no desempenho do papel tão importante que é criar um filho.

Jeanne Mayo
Presidente da Youth Leader's Coach, comunicadora e escritora de livros para jovens

Este livro é típico de Ron Luce: destemido, preciso, vai direto ao ponto e acerta na mosca. Realmente, esta é uma palavra muito importante para o momento.

Dr. Mark Rutland
Fundador e Presidente da Global Servants e Presidente da Southeastern University

Seja você um adulto solteiro que considera a possibilidade de se casar ou o pai de uma criança pequena, ou ainda alguém com vários anos de experiência na criação de filhos, este livro irá ajudá-lo a recuperar a compreensão dos desígnios de Deus.

Ed Young
Fundador e Pastor Sênior da Fellowship Church, autor de *Kid CEO*

RON LUCE

RE·CRIAR

EDIFICANDO EM SUA CASA UMA CULTURA MAIS FORTE DO QUE A CULTURA QUE ESTÁ ENGANANDO SEUS FILHOS

BELLO PUBLICAÇÕES
WWW.BELLOPUBLICACOES.COM

Belo Horizonte

Diretor
Lester Bello

Autor
Ron Luce

Título Original
Recreate: building a culture in your home stronger than the culture deceiving your kids

Tradução
Mércia Padovani / Idiomas & Cia

Revisão
Idiomas & Cia / Ana Lacerda / Fernanda Silveira

Diagramação
Julio Fado
Ronald Machado (Direção de arte)

Design capa (adaptação)
Fernando Duarte
Ronald Machado (Direção de arte)

Impressão e Acabamento
Gráfica e Editora Del Rey

BELLO PUBLICAÇÕES
WWW.BELLOPUBLICACOES.COM

Rua Luther King, 20 A, Cidade Nova
Belo Horizonte/MG - Brasil
contato@bellopublicacoes.com
www.bellopublicacoes.com.br

Primeira Edição — Junho de 2011

Exceto em caso de indicação em contrário, todas as citações bíblicas foram extraídas da Bíblia Sagrada Nova Versão Internacional (NVI), 2000, Editora Vida.

CIP-BRASIL. CATALOGAÇÃO NA FONTE

Luce, Ron
L935 Re-criar: edificando em sua casa uma cultura mais forte do que a cultura que está enganando seus filhos / Ron Luce; tradução de Mércia Padovani / Idiomas e Cia. – Belo Horizonte: Bello Publicações, 2011.
245 p.
Título original: Re-create: building a culture in your home stronger than the culture deceiving your kids.

ISBN: 978-85-61721-72-5

1. Família – Orientação espiritual. 2. Família - Valores cristãos. 3. Saúde espiritual. I. Título.

CDD: 248
CDU: 266

Sumário

Prefácio

Por Jack Hayford, Samuel Rodriguez e Harry Jackson

Este é um livro de conhecimento prático para pais que se preocupam com seus filhos. E qual o pai que não faz isso? Todos nós nos preocupamos com nossos filhos. Anna e eu temos quatro filhos, todos agora crescidos e que nos enchem de alegria — a alegria de vê-los realizados em casamentos que estão dando certo e a alegria de ver suas famílias, nossos netos, felizes.

Nenhuma dessas alegrias surgiu naturalmente. Quando se trata da tentativa de cultivar uma família bem-sucedida, são muitas as tendências em nosso mundo que se opõem a esse sucesso. Essas tendências são destrutivas para um lar em que sabedoria e amor estão em equilíbrio, construindo relacionamentos que levam pais e filhos àquilo que uma "família" deveria ser.

Este livro irá ajudar qualquer pessoa que esteja seriamente buscando descobrir o caminho para uma família bem-sucedida ou procurando reconstruir quaisquer relacionamentos que tenham se rompido. Ron Luce escreve acerca de algo que ele e sua esposa Katie aprenderam nas condições mais propícias: *eles iniciaram* seu matrimônio e sua família com o tipo de orientação que você vai encontrar aqui. Não foi necessário reedificar — eles simplesmente aplicaram e apegaram-se ao que lhes foi ensinado.

Mas Ron não está aqui para ser enfadonho e falar sobre seu sucesso. Ele sabe, assim como eu, que quando você encontra o êxito e a verdadeira sabedoria para criar seus filhos nos dias de hoje, ela vem de uma Fonte que o leva a entoar "Maravilhosa Graça", e não "Eu Fiz Isso do Meu Jeito". Ron também não está alheio aos desafios de reconstruir, mesmo que essa não tenha sido uma tarefa sua e de Katie. Como fundador e presidente do ministério Teen Mania (Mania de Adolescente), ele tem tido contato diário com jovens e suas dificuldades em muitas as áreas, que vão desde relacionamentos familiares destroçados à confusão sobre valores, propósito e significância, que tão frequentemente decorre do abuso, da rebeldia, dos vícios ou de um senso pessoal de futilidade.

Sou grato por ter sido convidado a escrever o prefácio deste livro, e sou grato a você, Ron. Se você o conhecesse, provavelmente não precisaria das minhas explicações. Elas são fruto de um misto entre a familiaridade com sua vida e seu trabalho por mais de dez anos e minha experiência pastoral com pais por mais de quarenta anos.

Assim, abra na primeira página e vá em frente. Este é um livro de cabeceira sobre o pensamento geral de como criar os filhos que você ama e para os quais deseja o melhor. Como já disse, ele é repleto de surpresas e, posso prever, poderá fazê-lo cantar acerca daquela dimensão da graça em sua família à medida que você acolhe a única Fonte de sabedoria que proporciona essa graça. Essa fonte é o Manancial de ajuda para qualquer pai — o Deus que criou mães, pais e filhos.

Permita que Ron lhe mostre uma imagem contemporânea de como os caminhos de Deus operam na cultura do século XXI, mesmo quando coisas destroçadas precisam ser reconstruídas.

JACK W. HAYFORD
Chanceler do The King's College Seminary
Presidente da International Foursquare Churches
Pastor Fundador da Church On The Way

★

Será este o fim da unidade familiar como a conhecemos? A família e os lares impulsionados por valores cristãos poderão sobreviver aos entraves culturais desta era de informação frenética vinte e quatro horas por dia? A Igreja de Jesus Cristo poderá sobreviver sem casamentos e famílias saudáveis? Essas perguntas falam da necessidade de uma revolução de retidão, um movimento de justiça que contextualize a missiologia transformacional comprometida com a edificação de famílias saudáveis, lares santos e comunidades íntegras. Antes que a Igreja aborde e desenvolva um plano estratégico para reforma da unidade familiar fora dos corredores do Templo, nós precisamos fortalecer as famílias que estão dentro dos nossos muros. Nesse sentido, Ron Luce apresenta a solução viável para o desafio.

Ron compreende que tempos sem precedentes exigem medidas sem precedentes. Nunca antes a instituição da família enfrentou um ataque tão visível como o experimentado na realidade presente do século XXI. As estratégias dos pais se renderam às verdades e aos preceitos de uma cultura bíblica popular, lançando assim a família num mar revolto sem qualquer meio pelo qual sobreviver ou obter êxito. Mesmo assim, em meio a essa grande crise, Deus equipa Seus filhos com a sabedoria necessária para contra-atacar e preservar a unidade familiar com uma visão bíblica do mundo que engloba equidade e justiça em nome de Cristo. Neste livro, Ron Luce apresenta aos pais princípios práticos necessários para a criação dos filhos e a preservação da unidade familiar dentro da estrutura do plano original de Deus.

Em meio a plataformas de mídia como o MySpace, o Facebook, o iPod e a cultura digital moralmente duvidosa, Ron Luce nos convoca, não apenas para combatermos a cultura, mas também para reformá-la por meio de princípios centrados em Cristo. Este livro serve como manual de sobrevivência para a família, especialmente para cada família cristã que confronta os desafios sociais e morais do nosso tempo. Finalmente, acredito sinceramente que este livro capacitará o leitor a proclamar bem alto a declaração feita por Josué diante dos filhos de Israel: "Mas eu e a minha família serviremos ao Deus vivo".

REV. SAMUEL RODRIGUEZ
Presidente da National Hispanic Christian Leadership Conference

★

A Igreja corre o risco de ser amordaçada. Ouvimos com tanta frequência que a nossa crença está errada, que perdemos a vontade de exibir nossa fé publicamente. Não estamos cegos para as enfermidades da sociedade, mas nos sentimos pressionados a calar o evangelho a fim de sermos mais aceitos socialmente. Embora desejemos ser defensores corajosos da fé, muitos entre nós estão simplesmente subjugados. Queremos ser os embaixadores de Deus nesta Terra, mas não sabemos como fazer isso.

Temos duas escolhas: (1) Podemos colocar nossas famílias num casulo até que Jesus volte, ou (2) podemos nos tornar *recriacionistas*. Uma escolha está baseada no medo; outra, na fé.

Optar pela rota da fé exige coragem. Descobri isso ao longo dos últimos anos ao ser literalmente lançado na arena política e social. Precisei experimentar pessoalmente a ruidosa intolerância à pura mensagem de Cristo. Em centenas de entrevistas à mídia, fui colocado na defensiva, como representante dos "impopulares" pontos de vista cristãos. Tópicos como o aborto, a promiscuidade sexual, o homossexualismo, a pornografia e o casamento tradicional são geralmente vistos como causadores de divisão e de extrema direita. Minha oração nesses eventos é: "Senhor, ajuda-me a proclamar a Tua mensagem de modo consistente com o Teu caráter". Aqueles que se opuseram ao meu ponto de vista frequentemente têm reconhecido que eu não estava ali apenas para debater, mas também para amar. O apóstolo Paulo nos avisou que nos últimos dias o homem não iria tolerar a sã doutrina, e esse realmente é o nível ao qual nossa cultura caiu. A visão espiritual de muitos sucumbiu sob as trevas deste momento. Contudo, nem sempre foi assim.

Nossos antepassados viram nos Estados Unidos um refúgio contra a tirania europeia — um país que verdadeiramente poderia ser governado de acordo com os princípios da Palavra de Deus. Os santos preceitos patrocinados por nossos fundadores eram por demais fascinantes para o restante do mundo para serem restritos a um único país. Foi assim que vimos o sonho da democracia penetrar em todos os continentes.

Podemos ser gratos porque Deus não tem visões apenas para nações, culturas e sociedades. Ao mesmo tempo, Ele também está ardentemente envolvido com o destino de cada pessoa do planeta. A visão de Deus também inclui gerações. Ele vislumbra um dedicado grupo de jovens penetrando em cada área da sociedade em todo o mundo. Com a finalidade de tocar uma geração, Deus precisa de um exército de líderes. Esses líderes precisam ser estimulados e preparados por uma das mais estratégicas instituições criadas pelo Senhor — uma família fiel a Ele.

Mas, e quem treina o treinador? Quem treina os treinadores da família? Quem melhor para nos dizer o que fazer para difundir a visão de Deus do que Ron Luce? Conheço Ron há mais de uma década. Fico maravilhado diante de sua sabedoria como ganhador de almas, sua força no discipulado e sua compreensão das tendências culturais.

Este livro não é apenas para os pais, mas também para que a Igreja o leia e aprenda o que é preciso para salvar nosso mundo. Ron compartilha estatísticas e histórias que convencerão qualquer coração que se disponha a deixar essa imensa letargia corporativa da nossa condição. Sendo pai de três filhos que atravessaram seus anos de adolescência sonhando com as visões de Deus, ele está totalmente qualificado para nos servir de guia.

Precisamos descobrir a motivação do Espírito Santo para fazer a diferença. Ron tem liderado o caminho e seus princípios resultaram na criação dos eventos Teen Mania, Adquira Fogo e Grito de Guerra, e muitas outras missões de sua organização. E quanto a você? Onde Deus o tem colocado? Dentro do ninho de sua família? Em sua vizinhança, onde você vê adolescentes que necessitam de cuidados e orientação? Seja você quem for, você pode — e espera-se que faça — fazer diferença para Deus. Busque, peça a Deus uma visão, e leve com você as informações deste livro. Prepare-se para a jornada de toda uma vida para *Recriar* sua vida, seu mundo e sua geração.

Bispo Harry Jackson
Pastor sênior da Hope Christian Church
e autor de *The Warrior's Heart*

Nota da Editora no Brasil sobre a versão em português

Os materiais mencionados pelo autor ao longo deste livro (vídeos, cursos e apostilas) ainda não estão disponíveis no Brasil até a data da presente edição, podendo ser encontrados apenas nos Estados Unidos e em inglês. Solicitamos ao leitor que não deixe de entrar em contato com a Bello Publicações para mais informações e futuros lançamentos do autor em língua portuguesa.

Visite também nosso site www.belloshopping.com

Bello Publicações

Introdução

É Hora de se Levantar!

Depois de trocar brincadeiras com um casal de amigos que conheço desde o Ensino Médio, perguntei: "Como vai sua filha Bethany?" (Esse não é seu nome verdadeiro.) Imediatamente, lágrimas encheram os olhos de ambos, enquanto eles descreviam o último de uma série de eventos na vida de sua filha.

Meus amigos são pais que frequentaram a igreja durante toda a vida de sua filha. Eles são pessoas éticas e ganham muito bem para o seu sustento. Aparentemente, eles fizeram todas as coisas certas para serem pais respeitáveis. Mas agora, eles relembram como Bethany, um minuto após completar dezoito anos, saiu de casa para fazer uma tatuagem. Eles me falam que ela vive com eles, mas às vezes não vem para casa durante dias, deixando-os sem a menor ideia de onde possa estar. Esses pais desesperados esperam que umas poucas palavras de minha parte possam lhes trazer esperança na mais desesperadora das situações em que eles jamais estiveram.

As palavras deste livro são para eles e para todos os pais que como eles precisam de esperança e auxílio enquanto procuram criar seus filhos. Este livro é para os milhões de pais que desejam saber o que fazer com seus filhos enquanto eles ainda são pequenos, a fim de evitar que um desgosto semelhante aconteça em sua vida.

Não é segredo nenhum que os adolescentes estão em dificuldades hoje em dia. É difícil passar uma semana sem que vejamos manchetes sobre adolescentes destruindo a própria vida ou a de outros. Vemos os efeitos da música *rock* ou *hip-hop*, mas não sabemos o que fazer. Sabemos que os filmes de Hollywood e a MTV têm controle sobre nossos filhos, mas não fazemos a menor ideia de como protegê-los. Mesmo bons pais, tementes a Deus, estão vendo seus filhos serem afetados por essa cultura destrutiva. Pesquisas atuais mostram que oitenta e oito por cento dos filhos criados na igreja não permanecem nela quando entram para a faculdade.[1] Com estatísticas assim, o nível do senso de impotência de muitos pais cresce sem controle.

Como pode um pai comum competir com as indústrias multibilionárias da música pop, da televisão e da internet, todas tentando seduzir o coração e a mente de seus filhos? A grande maioria desses pais levanta as mãos para o ar e apenas "ora e espera pelo melhor", por sentirem que não há nada que possam fazer. Mas neste exato momento, enquanto você segura este livro, a esperança repousa em suas mãos.

Não se engane a este respeito: é forte a influência da cultura. Ela manipula nossos filhos desde e mais tenra idade levando-os a fazer coisas que jamais sonhariam fazer em sã consciência. Mas a boa notícia é que há muita coisa que nós podemos fazer para protegê-los do poder da cultura que os está destruindo. Nosso trabalho como pais não consiste apenas em combater a cultura, mas também ensinar nossos filhos a enxergar além da sua superficialidade e da motivação daqueles que a moldam. Nossa real defesa está na construção, em nossa família, de uma cultura que seja tão vigorosa e definida *que seja capaz de inclinar os corações de nossos filhos em nossa direção* e os mantenha olhando para nós, a fim de que possamos moldar seus valores.

Muitos pais têm me dito: "Mas eu fiz tudo o que sabia!". Aí é que está o problema: *talvez não saibamos tudo o que podemos fazer!* A cultura na qual nossos filhos estão crescendo é diferente de todas as outras na história. Não podemos conduzir a criação de nossos filhos da mesma forma que temos visto acontecer ao longo de toda a nossa vida — não diante de uma cultura que está determinada a destruí-los.

As histórias e os princípios com os quais você está prestes a ter contato não são apenas teorias. Este é um manual de ferramentas práticas que funcionaram com nossos próprios adolescentes e também com um número incontável de pais, que alcançaram êxito por causa dos princípios extraídos diretamente do manual para a vida: a Bíblia.

Nossos filhos são diferentes de qualquer outra geração da história. Eles têm mais conhecimento prático e compreensão de marketing, mídia e cultura do que qualquer outra geração anterior. Se quisermos construir para nossos filhos uma cultura forte em nossos lares e resgatá-los de uma cultura inclinada ao engano, devemos começar recriando a nós mesmos. Esse é o motivo deste livro ser diferente de qualquer outro que você já leu. Trata-se de um livro que você pode não apenas ler, mas também colocar em prática juntamente com seus amigos. É um livro semelhante ao modo como nossos filhos vivem experiências atualmente. Ele traz gratuitamente diversos materiais sobre criação de filhos e histórias encontradas online para ajudá-lo a realmente dominar o que lê (disponíveis somente em inglês).

Cada capítulo é acompanhado de uma experiência online que se une às palavras escritas. Essa experiência pode ser encontrada no site www.battlecry.com. Na verdade, a íntegra da introdução a este livro não está no papel; ela somente pode ser encontrada online. Portanto, vá em frente. Coloque estas palavras impressas de lado por alguns minutos e conecte-se para assistir ao vídeo da introdução. O livro estará aqui quando você terminar de assisti-lo. (Se você realmente quer experimentar como seus filhos "funcionam" e fazem várias coisas ao mesmo tempo, você pode assistir à introdução em vídeo online, enquanto começa a ler o primeiro capítulo e, ao mesmo tempo, mandar uma mensagem de texto para um amigo falando sobre este livro e pedindo que ele o coloque em prática juntamente com você.)

Há muitas ações que você pode adotar para auxiliá-lo a criar a cultura de que estamos falando a fim de que você possa recriar a cultura em que seus filhos estão vivendo.

Prepare-se para que a esperança inunde seu coração ao ler estas páginas. Se você tem filhos adolescentes que passam por questões próprias dessa faixa etária, veio ao lugar certo. A aplicação prática contida aqui também irá ajudá-lo a moldar mesmo o menor de seus filhos com os *seus* valores. Os dias de impotência diante da criação de filhos acabaram. É tempo de se levantar e recusar-se a permitir que essa cultura destrua nossos filhos ao criarmos em nosso lar uma cultura verdadeiramente *irresistível*.

PARTE I

Recriando a Cultura em Sua Família

Este livro não se destina *apenas* a pais de adolescentes. O que você está prestes a ler foi escrito para convencê-lo de que é urgente começar a trabalhar ativamente com seus filhos desde a menor idade para criar uma cultura familiar que promova estabilidade, estabeleça expectativas e afirme a segurança em seu coração. À medida que seus filhos crescem e se tornam adolescentes, você deseja que eles tenham uma base sólida, para que você não tenha de ficar lutando para arrancá-los do abismo do inferno, tentando sobreviver com sua família intacta.

Minha esposa Katie e eu demos início à construção do alicerce para impedir que a cultura reivindicasse o coração de nossos filhos quando eles eram bem pequenos, ainda na pré-escola. Nós trabalhamos para construir uma base saudável para nossa família, a fim de que pudéssemos prevenir muitos dos desafios que testemunhamos outras pessoas experimentarem com seus adolescentes. Afinal de contas, viajando todos os fins de semana, ano após ano, vendo os adolescentes de outras pessoas sofrendo e se ferindo, sabíamos o que nós *não queríamos* que nossos filhos se tornassem. Portanto, se você é um pai ou uma mãe que deseja proteger seus filhos, dê uma olhada à sua volta e tome consciência dessa cultura que pode arruinar totalmente uma vida jovem.

Capítulo 1

Geração Fora de Controle

Não é preciso muito tempo para reconhecer que as forças da cultura têm a capacidade de deteriorar profundamente uma pessoa, levando a um abismo moral que lembra um filme de horror se desenrolando diante dos nossos olhos. Considere estas manchetes dos noticiários do ano passado:

- De acordo com a polícia, jovem de doze anos espanca criança pequena até a morte com um bastão.[1]
- Professor é preso depois de oferecer boas notas em troca de sexo.[2]
- Em Denver, estudantes do segundo grau grávidas reivindicam licença-maternidade.[3]
- Adolescentes do Colorado acusados de matar uma menina de sete anos com movimentos do jogo "Mortal Kombat".[4]
- Adolescente acusado de tentar estuprar uma senhora de sessenta e dois anos.[5]
- Professor do sexto ano é condenado a dez anos de prisão por fazer sexo com menino de treze anos.[6]
- Atirador adolescente do Michigan parou de tomar sua medicação antes de matança.[7]

- Em Nevada, denunciado o suspeito do caso da filmagem do estupro de uma menina de TRÊS ANOS DE IDADE.[8]
- Promotor Público dos Estados Unidos acusado de tentar fazer sexo com menina de cinco anos.[9]
- A menina de seis anos do Texas, encontrada enforcada na garagem, sofreu abuso sexual.[10]
- Mãe residente em Michigan condenada de doze a vinte e dois anos de prisão por "acordo" sexual com sua filha menor de idade.[11]
- Homem é condenado a vinte anos de prisão por assassinato em bizarro triângulo amoroso pela internet. [12]
- Quatro estudantes do segundo grau executados em Newark, Nova Jersey. [13]
- Jovem mãe acusada após seu bebê de dez meses ser filmado bebericando gim e suco. [14]

Como coisas assim podem acontecer em um país construído sobre virtudes tão notáveis? O que o comentário dessas manchetes diz a nosso respeito? Aquilo pelo qual nossos antepassados derramaram sangue e trabalharam com esforço parece repentinamente ter deslizado por debaixo dos nossos pés. O que aconteceu com a sociedade honrada e sadia para criarmos nossos filhos que um dia chamou-se Estados Unidos da América? Como pudemos chegar a este ponto? Vamos examinar um exemplo gritante que resume como nossa cultura secular pode seduzir e arruinar uma vida jovem.

O Fator Britney

Suponho que somente pessoas que viveram isoladas em uma caverna durante os últimos dez anos não saibam quem é Britney Spears. As histórias sobre seus recentes atos de degradação em público foram estampadas em todos os tabloides e programas de entrevista do mundo. Sua vida é uma ascensão em espiral fora de controle, com decisões equivocadas uma após a outra sendo transmitidas para todo o mundo assistir, resultando em uma humilhação pública insuportável.

Ela surgiu como uma nova sensação aos quinze anos. Após estrelar o programa *Disney Channel* ainda criança, ela alcançou o sucesso. Britney teve sua "grande chance" e começou a cantar e dançar para todo o mundo. Na realidade, aquela não era uma "grande chance" apenas para ela, mas também para a indústria fonográfica, que constantemente está em busca de novos talentos para explorar (quer dizer, promover). Os executivos desse ramo precisam de novidades, de figuras agradáveis que atraiam novas audiências. Grande parte de seu trabalho consiste em responder à seguinte pergunta: "Quem vamos descobrir e tornar famoso a fim de podermos vender mais?". Quando este ramo de negócios encontra uma estrela, seus executivos devem continuar vendendo álbuns e mantendo o interesse das pessoas em seu astro.

Sem contar com a devida orientação de seus pais, a inocente Britney começou a cantar sobre o fato de não ser "assim tão inocente", embora fosse ainda menor de idade. Roupas mais justas e curtas surgiram após sua aparição em vídeos e revistas. Então aconteceu o inesperado beijo nos lábios de Madona em uma transmissão televisiva nacional durante a premiação da MTV em 2003.[15] Aparentemente, quanto mais ela excedia os limites, mais longe era preciso ir da vez seguinte a fim de satisfazer seus profissionais de relações-públicas.

Suas aparições em público continuaram encantando multidões, enquanto a indústria (ou seja, a MTV, a Viacom, as gravadoras, os fabricantes de roupas e maquiagem) faturava mais e mais em cima de sua personagem. Eles investiram pesado para segurar seu público e oferecer sugestões que sustentassem sua visibilidade.

Finalmente, em setembro de 2007, no último minuto ela foi incluída no programa de premiação da MTV para lançar seu mais recente álbum. De início, ela iria aparecer ao lado do ilusionista Chris Angel, mas ele "bateu em retirada" quando percebeu que aquilo não iria dar certo. Em uma das ocasiões em que de fato compareceu aos ensaios, com um copo de Martini nas mãos, Britney teve dificuldades para realizar seus passos de dança. Era totalmente óbvio para todos que ela não estava preparada para uma aparição ao vivo na tevê. Tanto seu guarda-roupa quanto sua música precisavam ser seriamente trabalhados. Mesmo assim, a MTV recusou-se a cancelar sua aparição, embora ficasse evidente que ela seria publicamente humilhada.[16] Eles sabiam que índices elevados de audiência seriam alcançados, e isso era tudo com o que se importavam.

Enquanto milhões de pessoas eram entretidas e seduzidas por Britney, a indústria faturava milhões de dólares. E enquanto milhões de pessoas ficavam horrorizadas e subjugadas por sua humilhação, a indústria faturava mais milhões de dólares. Esse círculo faz parte de uma máquina que usa as pessoas para obter altos índices de audiência, sem se importar com o que acontece com elas nesse processo. Britney não é a única. Muitas outras jovens estrelas estão nessa engrenagem. Veja os exemplos de Lindsay Lohan, as gêmeas Olsen e Macaulin Culkin.

Existem outras baixas, vítimas dessa engrenagem cultural. Os fãs dessas estrelas ocupam a outra extremidade do processo — a máquina necessita de estrelas, mas também necessita de fãs que comprem seus álbuns e frequentem seus shows. O trabalho da indústria é vender, vender, vender. Ela não se importa com o que está vendendo ou com quem está vendendo, contanto que o dinheiro continue entrando. As excentricidades de uma Britney Spears humilhada, confusa e imprevisível são o retrato do que a máquina da cultura pop está fazendo com muitos adolescentes apanhados na armadilha do turbilhão de seu projeto destrutivo.

Amy Winehouse é um excelente exemplo do que a máquina faz com as pessoas. Em 2008, seu álbum *Back to Black* que apresentava o sucesso "Rehab" ganhou cinco prêmios Grammy. Amy não pôde receber os prêmios pessoalmente porque lhe foi negado o visto de entrada nos Estados Unidos devido aos recentes problemas com drogas.[17] Pense a respeito da mensagem que está sendo transmitida. Amy, que segundo relatos foi vista vagueando de camisola sob o efeito de drogas, e que recentemente foi acusada de agressão, é a pessoa que a máquina escolhe exaltar.[18]

A máquina da cultura pop "se preocupa" com seus adolescentes da mesma maneira como se preocupa com a Britney. A máquina os devora e depois os cospe fora. Vidas são destruídas dentro dessa máquina, assim como são influenciadas por aquilo que ela produz.

Depois, a máquina remove a sujeira e repete a operação, procurando pelo próximo produto que irá vender e pela próxima pessoa para comprá-lo.

Como a Engrenagem Funciona

Existem mais de setenta e um milhões de jovens que compõem o que atualmente é a maior geração na história dos Estados Unidos, dos quais estimados trinta e três milhões neste momento são adolescentes.[19] Esse número é tão expressivo que a maioria dos marqueteiros o considera como uma mina de ouro não explorada — eles precisam apenas conseguir "desviar" a atenção desses jovens e vender para eles. Neste exato momento, os adolescentes gastam cerca de 150 bilhões ao ano[20] e influenciam cerca de 200 bilhões dos gastos realizados por seus pais.[21] Isso é gigantesco, mas não é nada se comparado com os gastos potenciais de toda a existência desses jovens consumidores. Profissionais do marketing comprovam que treze anos é a idade em que são tomadas muitas das decisões relativas aos hábitos de consumo que permanecerão para toda a vida. Sendo assim, se a máquina puder fazer com que os jovens gostem de uma bebida, uma linha de vestuário ou de um músico aos treze anos de idade, provavelmente eles escolherão aquelas mesmas marcas pelo resto de sua vida.

"Claro que o problema não é o marketing", como eu disse a Vicki Mabrey, da ABC News Nighline. "Pessoas venderão coisas e outras as comprarão. O problema é o marketing sem consciência, sem preocupação com o que é vendido aos adolescentes e como essas coisas os moldam". Muito do que é vendido aos adolescentes (e às crianças) é direcionado pela mídia (seja por meio de videogames, web sites, música, programas de televisão ou filmes). Quando confrontados, a maioria dos produtores de mídia é rápida em se isentar da culpa, apontando os pais como os responsáveis por aquilo que seus filhos veem. Embora isso seja de fato verdade (trataremos disso com mais profundidade em outro capítulo), toda a engrenagem tem inequivocamente o objetivo de vender aos filhos. Se não pudessem fazê-lo, encerrariam suas atividades. Eles sequer se aventurariam a criar um produto se não estivessem convencidos de que poderiam capturar uma parcela expressiva dessa fatia do mercado. É verdade, seu comércio prospera devido ao fato de que a maioria dos pais ou é irresponsável ou ignora completamente o conteúdo real do que a mídia está vendendo aos seus adolescentes.

Algumas partes dessa máquina cultural (responsável por fabricar a cultura dos adolescentes) é incrivelmente gigantesca. Veja a empresa Viacom, por exemplo. Eles são proprietários dos canais Nickelodeon, Nick Jr., MTV, MTV2, VH1, Comedy Central, BET, Logo (canal gay), bem como outros canais de mídia. Eles têm uma estratégia que abrange a totalidade da vida de uma pessoa, do berço ao túmulo. Eles começam quando nossos filhos são ainda bem pequenos, cativando-os com ícones pop enquanto a Nickelodeon faz o papel de babá. Logo, nossos filhos migram para o Nick Jr. e a MTV, e o seu gosto pela música e o desejo de imitar a forma de se vestir, a preferência e os gestos do astro mais recente passa a operar de modo pleno. Eles, da Viacom, ficam felizes por manter as pessoas sob controle ao longo de cada etapa de sua vida, ganhando dinheiro ao mesmo tempo em que as manipulam durante todo o seu ciclo de vida.

A PBS, uma rede de televisão aberta norte-americana, relatou no seu especial "Merchants of Cool" (uma reportagem sobre criadores e vendedores da cultura popular que tornou os adolescentes os maiores consumidores dos Estados Unidos) como eles desenvolveram um protótipo do que eles querem que os adolescentes que assistem a programação de sua rede se tornem.[22] *Mooks* é como eles chamam os meninos. Eles acham que quanto mais humor grosseiro colocarem em sua programação, mais os adolescentes do sexo masculino a assistirão. Assim, intencionalmente desenvolveram novos programas, como o *Jackass,* e apresentadores como Tom Green que constantemente ostenta o estilo de vida *Mook* (irresponsável, deturpado, indiferente, com um uso de humor grosseiro e desrespeitoso) em novos programas e filmes da MTV. Quanto mais os adolescentes assistem a esse tipo de programa, mais imitam o estilo exibido. Quanto mais imitam, mais tempo ficam sentados no sofá sendo destruídos pelo mesmo ideal em que estão se transformando — tudo isso enquanto a Viacom fatura montanhas de dinheiro. Eles estão produzindo uma geração inteira de *Mooks*, que ficam grudados em seus sofás, consumindo doses maciças de uma mídia criada para mantê-los presos ali.

Midriffs (que significa diafragma ou barriga) é como eles rotulam as garotas. A mensagem que estão passando é: "Não tenha medo de mostrar-se para as pessoas, mesmo que você seja menor de idade. Aja como se fosse mais velha do que realmente é". Assim, eles promovem estrelas como Christina Aguilera, Pussy Cat Dolls e, é claro, Britney, como garotas-propaganda de tudo isso. Eles apresentam programas de férias escolares com garotas do segundo ano e da faculdade exibindo-se e embebedando-se. É claro que nunca mostram histórias de garotas que são estupradas, contraem doenças ou ficam grávidas. Nossas meninas, então, concentram toda a sua atenção em suas estrelas favoritas e, é claro, imitam seu modo de vestir e seu estilo de vida. A diferença é que as nossas meninas terão que arcar com as consequências desse estilo de vida.

A Viacom alardeia imprudentemente: "Não anunciamos para esta geração — nós somos os donos desta geração". E, de diversas maneiras, isso é verdade. Ela lucra cerca de 3,27 bilhões de dólares destruindo nossa geração de jovens nos Estados Unidos e em todo o mundo.[23]

Assim, não é de surpreender que Jamie Lynn Spears (a irmã de dezesseis anos de Britney), estrela do programa *Zoey 101* da Nickelodeon, tenha aparecido grávida. A máquina fez com ela o mesmo que tem feito a milhões de outras garotas em todo o mundo. Não é de surpreender que Nick Jr. não tenha cancelado o seriado. Se o fizesse, teria que admitir que Jamie Lynn tinha feito algo vergonhoso. Portanto, agora milhões de pré-adolescentes têm o seu ícone de dezesseis anos, grávida, posando diante de seus olhos como um modelo a seguir.

Essa máquina é faminta e necessita ser alimentada. Ela precisa de mais estrelas para controlar e explorar (o que eles chamariam de *lhes dar uma "grande chance"*). Quem está, na verdade, tendo uma grande chance? Eles também precisam de fãs a quem vender seus produtos. Em ambos os casos, eles não têm a mínima preocupação com o efeito final que a máquina exerce sobre suas vítimas. Quem será a próxima? Será a doce Miley Cyrus, celebrizada como Hanna Montana, a ter sua sexualidade exaltada a fim de manter o interesse do público? Serão seus filhos os próximos *Mooks* e *Midriffs* produzidos por essa máquina?

Dê outra olhada nas manchetes listadas no início deste capítulo. Veja a colheita dos frutos gerados por essa máquina de marketing cultural. Observe o que ela tem feito e continua fazendo com seus jovens. Estará a próxima geração, aquela que vai governar nossos países, sendo moralmente mutilada diante dos nossos olhos?

Essa coisa que chamamos de máquina cultural aparenta ser incrivelmente gigantesca. O que pode ser feito? Quem pode mudar a MTV? O que pode refrear seu apetite por mais dinheiro e lutar contra essa maré destrutiva? Como pais, o que podemos fazer? Como podemos proteger nossos filhos? Podemos protegê-los? E quanto ao futuro das nossas nações? Essa máquina cultural conseguirá atrair nossa geração de jovens a uma fossa moral que fará nossos antepassados revolverem-se em seus túmulos?

É exatamente por isso que você tem em mãos este livro. Nestas páginas você descobrirá um tesouro de boas novas que podem ajudá-lo a proteger sua família e preservar toda uma geração. O que você está prestes a ler, se aplicado, impedirá que a máquina cultural devore seus filhos e mostrará como sua igreja pode ser um agente resgatador para os jovens de sua comunidade. Você vai encontrar respostas práticas e histórias autênticas de adolescentes, famílias e igrejas que estão literalmente *recriando* a cultura.

Para ter acesso à experiência *Recriar* completa, visite o site www.battlecry.com para assistir aos vídeos e encontrar outras informações.

Capítulo 2

Não Somos Visionários?

E, depois disso, derramarei do meu Espírito sobre todos os povos. Os seus filhos e as suas filhas profetizarão, os velhos terão sonhos.

JOEL 2:28

Os visionários nos governam. Sempre foi assim. Ao longo da história, conquistam as massas aqueles cujos sonhos as constrangem a segui-los. Seja esse sonhador um candidato político que vence espetacularmente as eleições ou um general que compele os homens a segui-lo, aqueles que delineiam seu sonho com um ar fascinante são os que conquistam o coração e a vida da população em geral.

Noventa e Oito Por Cento versus Dois Por Cento

Já foi dito (embora seja impossível documentar) que noventa e oito por cento da nossa população é constituída de seguidores da cultura e dois por cento é composta de formadores da cultura. Você pode dizer que alguém é um seguidor da cultura quando ouve frases como:

- Você viu o trailer do filme? Mal posso esperar até que ele entre em cartaz na próxima semana!

- Não posso perder meu programa favorito na tevê toda quinta-feira à noite!
- Só vi esse time perder três jogos neste campeonato!
- Eu preciso ter aquela calça!
- Eu preciso fazer meu cabelo ficar desse jeito.

Comentários desse tipo são indicadores de uma vida cujos padrões são estabelecidos de acordo com a cultura. A cultura determinou o que é essencial, e as pessoas gerenciam seu tempo e seu dinheiro de acordo com isso. Muitas pessoas estão realmente orgulhosas pelo fato de terem visto cada episódio das séries *24 Horas* e *Lost,* ou por nunca deixarem de adotar as mais recentes tendências da moda, o que somente enfatiza o controle que a cultura exerce sobre elas.

Os inovadores — aqueles que ousam sonhar — são os formadores da nossa cultura. Aqueles dois por cento são os autores musicais, os que escrevem os roteiros de filmes, os inventores, artistas, legisladores, lobistas, juízes, editores de vídeo, donos de redes de rádio e televisão, executivos de gravadoras... Acho que você já captou a ideia.

Quem são alguns desses visionários? Que tal Bill Gates? Seus sonhos giram em torno de softwares, e se você está digitando em um computador (como eu, hoje, escrevendo este capítulo) está participando de sua visão (enquanto ele ganha dinheiro, é claro). E que tal Steve Jobs, da Apple? Você tem um iPod? Todas as vezes que você o liga, está fazendo parte do sonho de Steve. Todas as vezes que você baixa uma música ou outro arquivo de mídia no iTunes, você amplia a visão dele! Esses são os visionários que têm de fato moldado nossa cultura, nosso cotidiano, de uma maneira bem real. Quem mais? E quanto a Martin Luther King Jr.? Quem é capaz de esquecer suas indestrutíveis palavras: "Eu tenho um sonho..."? Nós, como sociedade, somos beneficiários de seu sonho por igualdade racial. Ele inflamou o movimento de moralidade que fez de nós seres humanos melhores. Mas onde estão os outros visionários que podem nos tornar melhores como um todo? Onde estão os visionários cujos sonhos possam ajudar as pessoas, em vez de simplesmente vender coisas a elas? Os Estados Unidos foram fundados por visionários, então, onde foram parar todos eles?

Onde está o povo de Deus nesses dois por cento? *Nós não podemos sonhar?* Não somos capazes de conceber ideias para tocar, resgatar e influenciar as massas? Por que nos dias atuais a maioria dos visionários que controlam a cultura tem visões que beneficiam apenas a eles próprios?

Desde o compositor musical que cuidadosamente rima palavras sobre como alvejar um inimigo para resolver um problema ou tirar vantagem da sexualidade de uma jovem menina, aos autores de certos videogames que ensinam nossos filhos a explodir pessoas, esses criadores da cultura têm obtido sucesso em transferir os valores errados para o coração e a mente de nossos jovens.

Nossos filhos não pediram por este lixo.

Pense nisto. A maior parte das coisas que moldam nossos filhos nesta cultura foi vendida a eles. Primeiramente, os anúncios geram neles o desejo pelo produto. Se eles nunca tivessem visto o anúncio ou conversado com um amigo que o viu, jamais saberiam que *precisavam* daquilo que estava sendo vendido. Depois, os comerciantes tornam fácil ter acesso e obter o que foi anunciado, ou possibilitam que os adultos possam facilmente adquirir o produto para dar a eles. A máquina da cultura não consiste apenas em mídia, mas também em coisas — coisas para ver, coisas para assistir, coisas para se fazer, coisas para usar, coisas para dar, coisas para beber, coisas que deixam você bonito, coisas que fazem você ser "legal", coisas que o tornam popular, coisas que o tornam sexy, coisas divertidas de se fazer, coisas que são uma aventura, coisas que vivem a vida em seu lugar para que você não precise ir a lugar nenhum ou fazer coisa alguma. Nossa vida está cheia de *coisas.*

O problema aparece quando essas coisas prejudicam nossos filhos por eles não serem capazes de perceber a ausência de valores positivos nelas, ou quando eles não se dão conta de que estão ficando viciados nessas coisas. Pense nisto. Há evidências abundantes de que a violência exibida em videogames e programas de tevê torna as pessoas mais violentas. Mais de mil estudos podem atestar isso.[1] Um recente estudo da Universidade de Michigan relata que "a contínua exposição de crianças à violência mostrada na tevê e em videogames é o mais forte indicativo da ocorrência de violência na idade adulta", superior a qualquer formação socioeconômica ou questões de abuso.[2] Ainda assim, esses gênios criativos usam sua criatividade para descobrir como fazer com que os jatos de sangue pareçam mais reais na tela a fim de venderem mais seus produtos. Eles sabem que isso prejudica os jovens, causando-lhes danos em longo prazo na vida adulta, mas continuam a fazê-lo. Eu digo que eles são terroristas. *Terroristas virtuais*. Eles estão dando aos nossos filhos doces envenenados, e riem enquanto checam suas contas bancárias.

Considere o sexo na mídia. Sua única finalidade é vender mais coisas e aumentar a audiência (para vender mais coisas). O gênero pornográfico e as referências sexuais estão constantemente irrompendo na tela, seja durante o horário destinado à família (em uma média de 6,7 vezes por hora)[3] ou na MTV (mais de 3 mil vezes por semana).[4] Tudo isso é feito com o intuito de ganhar dinheiro. Eles dizem que o conteúdo sexual não afeta as crianças, mas existem inúmeros estudos provando o que você e eu, pessoas sensatas, sabemos de longa data: isso as afeta sim. Na verdade, a Rand Corporation diz que crianças expostas a letras de música e programas de conteúdo sexual têm duas vezes mais chances de se envolverem sexualmente do que aquelas que não sofrem essa exposição. Elas têm duas vezes mais possibilidade de praticar sexo na adolescência, contrair uma doença ou engravidar.[5] Alguns dos adolescentes que contraem essas doenças danosas jamais poderão ter filhos; alguns sofrerão dores pelo resto da vida e outros poderão até mesmo morrer devido a uma doença transmitida sexualmente. Outros ainda terão filhos em uma idade muito precoce, provavelmente criando-os em lares desfeitos, tudo isso porque alguém quer ganhar dinheiro. Você entende por que eu os chamo de terroristas virtuais? Eles estão dilacerando toda a virtude moral em nossos adolescentes em nome da liberdade econômica.

Eles continuam sonhando com novas *coisas* que possam gerar desejo. Eles se curvam aos mais extremos níveis de depravação, esperando se elevar acima do barulho provocado pelas enormes quantidades de produtos vendidos aos adolescentes. Pense no autor de cinema que retratou a atriz Dakota Fanning, de apenas doze anos, sendo estuprada no filme intitulado *Hounddog*.[6] O filme foi rodado (o que isso diz a respeito dos pais da atriz que permitiram que ela fizesse esse filme?), eles o apresentaram no Festival de Cinema de Sundance e tentaram vendê-lo aos distribuidores. Isso chamou muito a atenção da mídia, mas felizmente ninguém aceitou distribuí-lo ainda. Contudo, o que isso diz a nosso respeito como sociedade? O que os levou a pensar que fossem capazes de vender o filme em nossos países?

O Que os Visionários Sabem

Por que você acha que Bill Gates permite que seus filhos fiquem somente quarenta e cinco minutos por dia na internet?[7] Você acredita que ele está tentando evitar que eles façam parte dos noventa e oito por cento que seguem a cultura? Você acha que ele percebe a natureza viciosa do entretenimento da internet? Talvez por isso ele se recuse a permitir que seus filhos sejam envolvidos por uma coisa que ele, sem preocupação, tornou acessível para as massas. E o que dizer de Steven Spielberg e Tom Cruise, que não permitem que seus filhos assistam a mais de uma hora de televisão por dia?[8] O que eles sabem sobre a televisão que nós não sabemos? Será que eles estão garantindo que seus filhos não se tornem "zumbis culturais"? Eles mesmos não fazem parte desses noventa e oito por cento e não querem que seus filhos façam.

Quando pensamos sobre os dois por cento que lideram nossa cultura, somos forçados a perguntar a nós mesmos: *Nós não somos visionários?* Será que os únicos que podem envolver nossos filhos são desprezíveis e pervertidos acumuladores de dinheiro? Não podemos sonhar com uma visão diferente para nossos filhos e para todas as crianças de nossas comunidades? Não poderiam as pessoas que seguem o Criador do universo ser mais criativas e ter mais poder de persuasão do que aquelas que possuem o dom da criatividade, mas o exercem de uma maneira que prejudica as pessoas com o propósito ganhar milhões de dólares? Por que aparentemente apenas pessoas do mundo secular fazem parte desses dois por cento? Onde estão as pessoas devotas, com moral cristã, que estão sonhando e moldando esta geração? *Nós não somos visionários?* Não podemos sonhar e ter uma visão para nossos filhos e para o tipo de lar em que queremos criá-los — um lar que seja mais forte do que a cultura destrutiva que os cerca?

Não podemos sonhar e ter uma visão que proteja os corações e as vidas dos jovens desta geração? *Nós não somos visionários?* Não podemos pensar de forma abrangente o suficiente para que nossa juventude fique tão interessada em nossa igreja e em nosso ministério jovem, que se sinta inflamada e envolvida por uma cultura de ardente Cristianismo que a leve a afastar-se das coisas do mundo? *Nós não somos visionários?*

Não podemos ter voz ativa na formação da cultura de toda a nação, fazendo com que nossos valores se tornem fascinantes e atraentes? Poderiam os sonhos promovidos por nossos valores atrair as pessoas para eles e para Aquele que formou esses valores — o próprio Senhor? Este livro gira em torno disto: instigar-nos a sonhar na esfera familiar, na esfera da igreja e na esfera nacional. Este é o momento para uma nova geração de visionários erguer-se em unidade. É escolha nossa se vamos fazer parte dos noventa e oito por cento ou dos dois por cento. *Em que percentual você quer estar?*

Todos aqueles que ousarem se aventurar e avançar nessa emocionante jornada de formação da cultura — tanto para nossos filhos quanto para toda a sua geração — continuem lendo e preparem-se para a mais excitante aventura de sua vida, porque os visionários são aqueles que lançam a centelha que inflama uma revolução.

Para ter acesso à experiência *Recriar* completa, visite o site www.battlecry.com para assistir aos vídeos e encontrar outras informações.

Capítulo 3

O Traiçoeiro Controle da Cultura

O termo em latim para "traiçoeiro" é traduzido por "estar de emboscada". Se olharmos cuidadosamente, começaremos a perceber traços de um plano traiçoeiro em nossa cultura, destinado a armar ciladas e iludir. Esse plano é projetado por um *inimigo* traiçoeiro, cuja natureza é fraudulenta e enganadora. Esse plano é levado adiante de maneira imperceptível, aparentemente inofensiva, mas, na verdade, tendo um significativo e ameaçador efeito, como uma doença não detectada.

Esse plano atrai nossos filhos (e a nós mesmos) para uma armadilha, nos levando a níveis mais elevados de entretenimento e de aventura jamais conhecidos. Então, ele lança suas garras em torno do nosso pescoço e nos asfixia, tirando-nos a vida. Com demasiada frequência, mesmo "bons lares cristãos" descobriram que foram invadidos por uma cultura amoral e destrutiva. Mas muitos fizeram essa descoberta tarde demais, depois de terem vivido um pesadelo na família que mostrou o que é um inferno em vida.

Até mesmo *boas* famílias estão perdendo seus filhos.

Em nossa cultura são abundantes as histórias de jovens que exibiram comportamentos destrutivos, mesmo aqueles que foram criados em famílias "decentes". Esse comportamento às vezes se restringe ao indivíduo; outras vezes, ele ameaça a vida de outras pessoas. Em anos recentes, algumas das maiores atrocidades foram cometidas por adolescentes. Geralmente essas atrocidades são ainda mais chocantes quando analisamos as famílias saudáveis em que foram criados os jovens envolvidos. De algum modo esses filhos não abraçaram os valores de seus pais. Quer os pais tenham ou não tentado incutir esses princípios em seus filhos, fica óbvio que os valores pertencentes a uma geração simplesmente não estão sendo passados para a geração seguinte. Vamos analisar algumas amostras do que está acontecendo em nossa cultura juvenil.

Matthew Murray

Em 9 de dezembro de 2007, nós assistimos espantados aos relatos de mais um atirador que atacou uma igreja, ferindo e até matando alguns de seus membros. Isso aconteceu horas depois do mesmo atirador ter matado dois membros da equipe do campus local da JOCUM — Jovens Com Uma Missão. O atirador, Matthew Murray, foi criado em um lar cristão. Seus pais eram membros ativos de sua igreja e entusiásticos seguidores de conhecidos pregadores cristãos. Eles educaram seus dois meninos segundo um programa de ensino domiciliar cristão até que eles fossem grandes o suficiente para seguirem o próprio caminho na vida. Um dos filhos escolheu ir para uma faculdade cristã, enquanto Matthew preferiu frequentar a JOCUM e, mais tarde, trabalhar na equipe de seu programa juvenil.

Aparentemente, Matthew e sua família tinham tudo a seu favor. Mas a vida interior de Matthew era povoada por confusão e desespero.

Matthew não está mais vivo, portanto ninguém pode realmente saber o que se passava em seu íntimo, mas as anotações em seu diário indicaram que ele estava de fato buscando a verdade em uma sombria combinação de ensinamentos: mensagens divergentes que iam desde as extraídas da igreja cristã até as composições do estilo "shock rock" do músico Marilyn Manson e escritos do falecido ocultista britânico Aleister Crowley. Entretanto, mesmo antes que Matthew começasse a ouvir Marilyn Manson, já existia alguma evidência de que ele era depressivo e tinha tendências suicidas aos dezessete anos. O que aconteceu? Como um jovem criado em um lar cristão se tornou não apenas suicida, mas também homicida?[1]

Eric Harris e Dylan Klebold

Nos últimos anos, ocorreram muitos tiroteios nos Estados Unidos, mas nenhum chocou ou sacudiu o mundo tanto quanto o massacre ocorrido em 1999 na escola Columbine, próxima a Denver, no Colorado. Depois de matarem doze estudantes e um professor, e ferirem outras vinte e três pessoas, Eric Harris e Dylan Klebold cometeram suicídio e selaram o fim de sua jornada na história naquele dia de horror. Entretanto, depois de examinadas as famílias de ambos, não havia nada fora do comum que pudesse levantar suspeitas sobre o violento comportamento desses jovens.

O pai de Eric servira na Força Aérea, o que exigia mudanças constantes de casas, iguais a aquelas vividas por qualquer família de militar. Depois que se aposentou, ele e a família mudaram-se para a cidade de Littleton, no Colorado, onde ele trabalhou para uma companhia fabricante de simuladores militares de voo. Sua esposa trabalhava para um fornecedor de alimentos local. Os pais de Eric tentaram imprimir sua vigorosa ética profissional em seus filhos e sempre os apoiavam em suas atividades esportivas. Seus amigos os conheciam como "bons pais". Somente quando Eric estava no Ensino Médio é que seus pais começaram a ver motivos de preocupação sobre seu comportamento, o que os motivou a levá-lo a um psiquiatra.

Os vizinhos descreveram a família de Dylan como "uma família perfeita". Seus pais eram diplomados pela Universidade Estadual de Ohio. O pai era agente imobiliário e a mãe consultora ocupacional. A família frequentava a igreja luterana e os dois irmãos Klebold concluíram o ensino confirmatório de acordo com a tradição luterana. Eles também observavam muitos dos rituais judaicos em seu lar, porque a mãe de Dylan tinha uma forte herança judaica. Infelizmente, mesmo com uma vigorosa influência religiosa e todo o apoio dos pais, Dylan terminou sua vida mergulhado em um mundo de violência e ódio.[2]

Jamie Lynn Spears

Com apenas seis semanas, Jamie Lynn Spears começou a seguir os passos de sua irmã mais velha no mundo do entretenimento, quando Britney atuou em uma peça fora da Broadway intitulada *Ruthless.* Com dez anos, Jamie Lynn continuou seguindo as pegadas de sua irmã aparecendo em um comercial de uma marca de produtos de limpeza, o que desencadeou um turbilhão de aparições na televisão e papéis habituais em seriados cômicos. Mesmo antes que Jamie Lynn tivesse nascido, seus pais sempre foram trabalhadores e apoiadores. Eles pagaram pelas lições de canto, dança e ginástica de Britney, não importando o desafio financeiro que isso representasse. O pai de Jamie Lynn era empreiteiro, a mãe professora primária, e ambos trabalharam duramente para manter suas crianças na escola particular juntamente com as atividades extracurriculares. Eles deram a Jamie Lynn o mesmo suporte que deram a Britney, o que ajudou a impulsionar sua carreira e levá-la a desempenhar um papel proeminente na série cômica da tevê *Zoey 101.* Entretanto, aos dezesseis anos, a carreira de Jamie Lynn foi interrompida com a notícia de sua gravidez em dezembro de 2007. O pai é um rapaz de dezenove anos que ela conheceu na igreja e com quem foi morar pouco antes que a gravidez fosse anunciada. Embora Jamie Lynn seja uma celebridade, sua história não é diferente da de incontáveis adolescentes — muitas das quais também vieram de *boas* famílias.[3]

Ben Thompson

Os filhos de pastores algumas vezes se envolvem em mais problemas do que todos os jovens da igreja juntos. Ben Thompson definitivamente provou ser um desses. Embora seus pais fossem pastores há trinta anos, Ben ainda assim deu um jeito de parar no meio de uma guerra entre gangues, ao lado de uma das mais notórias gangues dos Estados Unidos. Ele esteve envolvido em tiroteios entre carros e foi atingido em mais de uma ocasião. Embora tenha escapado da vida de gângster, Ben continuou a se envolver em atividades destrutivas. Depois de inaugurar a própria linha de roupas, ele passou a promovê-la em boates do sul da Califórnia, onde foi apanhado por abuso de álcool e drogas, bem como envolvimento em atividades sexuais. Ele se viciou em anfetamina, tinha tendências suicidas e engravidou uma jovem que acabou sofrendo um aborto. Embora tenha voltado para seus pais e para Deus em busca de ajuda depois de chegar ao fundo do poço, uma questão ainda permanece: em primeiro lugar, como ele pôde chegar àquele ponto?[4]

Parece que o mundo ofereceu mais treinamento a esse adolescente do que seus pais.

Um Elo em Comum

Uma coisa que todas essas trágicas histórias têm em comum é que os filhos foram criados em "boas famílias frequentadoras da igreja". Quer essas tragédias tenham sido estimuladas pela influência exercida por seus colegas ou pelo apelo da mídia, cada um desses jovens foi de alguma maneira manipulado e inundado por influências que estavam à sua volta. Essas influências formaram seus valores mais do que seus pais e a Igreja. Ao ler isso, você provavelmente pensa em alguns jovens de sua igreja que se meteram em problemas horrorosos ou experimentaram algum tipo de tragédia. O ponto é: nem sempre você é capaz de medir o efeito que a cultura exerce sobre um jovem até que seja tarde demais. Essa influência é capaz, contudo, de insinuar-se sorrateiramente e destruir vidas. Como pais e como adultos, precisamos ser aqueles que veem a aproximação do inimigo. Nós precisamos ser aqueles que superam em esperteza a cultura e protegem nossos filhos, nossos lares e comunidades dessa entidade que tem potencial para destruir sua vida.

Para ter acesso à experiência *Recriar* completa, visite o site www.battlecry.com para assistir aos vídeos e encontrar outras informações.

Capítulo 4

Como Deixamos a Cultura Invadir Nossos Lares

Um homem bate à sua porta. Assim que atende, você o reconhece dos cartazes espalhados pela cidade. Ele acabou de fugir da prisão que não fica muito longe da sua casa. O homem é um conhecido bandido e predador sexual de jovens meninas. Ele pergunta a você se pode ir ao quarto de dormir de seus adolescentes e ficar com eles durante algum tempo. É claro que você diz "de jeito nenhum!", e então ele pergunta se pode entrar na sua sala de visitas e ficar com seus filhos sem a sua presença por um espaço de tempo. Você diz: "Absolutamente não!". Por fim, ele concorda em estar com a família reunida assistindo a toda a sequência de aborrecidas séries populares de tevê daquela noite, enquanto vocês passam um "tempo em família" juntos.

Se não deixaríamos aquele homem entrar no quarto dos nossos filhos, por que deixaríamos a tevê ou o computador permanecer no dormitório deles? Esses modernos consumidores de tempo distribuem um rio de entretenimento poluído cheio dos mesmos valores que levaram o visitante até a sua porta de entrada. Por que você deveria deixar todas aquelas pessoas entrarem em sua casa? Em muitos casos, é exatamente isso que os pais têm feito. Todas as vezes que permitimos que a mídia entre em nossos lares e na mente de nossos filhos sem supervisão, convidamos um terrorista para dentro de nossa casa. Vamos examinar como esses terroristas plantam seus valores em nossos preciosos filhos.

Videogames

Estudos recentes revelaram as seguintes estatísticas acerca de jogos para computador e videogames:

- Setenta e nove por cento das crianças norte-americanas jogam regularmente no computador ou em aparelhos de videogame.[1]
- Sessenta e sete por cento dos lares com crianças possuem equipamentos de videogame.[2]
- Crianças jogam videogame uma média de oito horas por semana.[3]
- As vendas de videogames atingem 17,9 bilhões de dólares ao ano.[4]
- Oitenta por cento dos videogames que as crianças jogam retratam agressão ou violência.[5]

Olhando somente para esses dados, você pode enxergar uma porta de entrada para que uma parte traiçoeira da nossa cultura penetre em nossos lares. Nós pensamos estar simplesmente comprando jogos para nossos filhos brincarem e ficaram ocupados, ou talvez porque eles achem que isso é "legal" e eles "realmente querem e todos os seus amigos têm". Então, nós concordamos e dizemos: "Está bem, você também pode ter um". Mal sabemos que o que estamos realmente fazendo é concordando com os valores do mundo.

Computadores

Pense sobre todos os sites e comunidades como o Facebook e o MySpace. Dos cento e dez milhões de usuários somente do "Orkut", aproximadamente treze milhões estão entre os doze e dezessete anos.[6] O Facebook possui mais de setenta milhões de usuários ativos, cerca de quatro milhões dos quais estão entre os doze e dezessete anos.[7] Pense por um momento no número de jovens nesses sites abrindo seu coração para "amigos" dos quais seus pais não têm o menor conhecimento. É claro que todos nós ouvimos falar de predadores online. Uma história recente do jornal CBS News relatou o seguinte:

> *De acordo com a polícia, sete garotas de Middletown, no estado de Connecticut, que mentiram sobre sua idade, foram atacadas por homens que conheceram no MySpace. As meninas tinham entre doze e dezesseis anos e as autoridades disseram que os homens que as tocaram ou mantiveram relações sexuais com elas declararam falsamente também serem adolescentes.*
>
> *Duas investigações de assassinato não solucionadas também envolvem o Orkut: o caso de Kayla Reed, de quinze anos, cujo corpo foi encontrado em um canal perto de Livermore, na Califórnia, onde morava, e o caso de Judy Cajuste, uma haitiana de quatorze anos de Roselle, em Nova Jersey.*
>
> *O corpo de Judy foi encontrado na lixeira de um parque, muito inchado e possivelmente desfigurado, de acordo com fontes próximas de sua família. Presumiu-se que o corpo pertencesse a uma pessoa adulta, por isso sua mãe, que vive sozinha, só foi notificada depois de mais de uma semana.*[8]

Lemos muitas histórias sobre jovens que postam fotos online em poses de sexualidade explícita, como as que elas veem nas revistas. Além disso, acabam conversando durante horas seguidas com pessoas que não conhecem. Temos inclusive ouvido histórias recentes de jovens que cometeram suicídio por causa de mensagens que foram deixadas em seus sites.[9]

Existem adultos que ficam conectados durante horas e existe um mundo virtual para os jovens também. Alguns exemplos incluem o Toontown online da Disney, o Nicktroplis da Nickelodeon, o Club Penguin e o Final Fantasy XI. Mundos virtuais são simplesmente sites online que permitem que você finja ser um personagem, enquanto busca relacionamentos simulados com outras pessoas que fazem a mesma coisa. É muito difícil exercer qualquer controle. Estarão os jovens fazendo amigos verdadeiros nesses sites ou passando tempo com predadores? Que espécie de valores eles estarão descobrindo? Que tipo de conversa estarão mantendo? Esse é apenas outro exemplo de porta de entrada escancarada para uma parte negativa da cultura atual.

Telefones Celulares

Telefones celulares constituem uma enorme avenida de comunicação para os jovens, mas também uma porta de entrada pessoal para que a mídia do mundo inteiro se conecte com os adolescentes. Grande parte das mensagens de texto que os jovens trocam, embora sejam aparentemente inocentes, podem constituir um gigantesco labirinto de problemas. As conversas que eles mantêm por meio de textos, sem supervisão, podem levar à troca de muitas palavras e conceitos que deixariam você horrorizado. Na verdade, muitos dos professores predadores dos quais ouvimos falar nos noticiários iniciam relacionamentos com estudantes mais jovens via mensagens de texto.

- Os pais geralmente dão celulares aos seus filhos como forma preventiva de segurança.
- Telefones celulares proporcionam aos predadores sigilo e tempo para preparar as crianças para atividades sexuais.
- As recentes acusações de abusos sexuais entre professor e aluno envolvem o uso de celulares e mensagens de texto. Especialistas recomendam limitar as funções dos celulares das crianças.

Analise este recente artigo sobre esse mesmo tópico:

> *Aconteceu novamente. Uma professora é acusada de manter relações sexuais com um aluno e, como em muitas outras vezes, ligações via telefone celular e mensagens de texto, segundo notícias, desempenharam um importante papel no abuso sexual de um menor de idade.*

Os mesmos telefones celulares que os pais compram como aparelhos de segurança para seus filhos são os dispositivos que pedófilos e predadores usam para predispor crianças para encontros sexuais, segundo dizem os especialistas e a polícia...

O galanteio via mensagens de texto, ligações de celulares e e-mails é tão sutil, tão aceitável e tão indulgente que quando uma professora faz perguntas envolvendo nudez, uma criança provavelmente não fica alarmada, afirma Ramsey.

"Ela apoiará comportamentos que os pais não apoiariam, e a criança tem assim uma oportunidade para fazer coisas que não poderia fazer em casa", disse Ramsey. "Isso é o sonho de um adolescente."...

Quando a professora começou a enviar e-mails com pornografia e mensagens ilícitas, o jovem confiou nela. "Ela me perguntava se eu era virgem", diz a polícia citando as palavras do jovem. E ela começou a perguntar a ele sobre o seu interesse em saber acerca de sexo oral, afirmam as notas da polícia...

"Se você pensa que seus filhos estão protegidos porque sabem que se forem tocados nas áreas íntimas ou se alguém se despir diante deles ou tentar realizar um ato sexual essas são as únicas coisas ilícitas, eles não estarão preparados para a parte sutil da iniciação", disse Thompson.

E há algo mais que Thompson recomenda. Limitar as habilitações do telefone celular. Permita apenas que ele faça e aceite ligações dos pais e para o número de emergência.

"Sei das pressões sociais para que os pais deem a seus filhos o último modelo de celular e todos os dispositivos que existem", disse Thompson, "porém, mais importante do que lidar com as pressões sociais é proteger seus filhos".[10]

Amigos

É imperativo saber com quem seus filhos passam a maior parte do tempo. Que tipo de conversa acontece na escola? O que está sendo dito no vestiário? Quem são os seus melhores amigos? E especialmente, mesmo que sejam jovens, o que acontece nas festas noturnas e quando dormem na casa de amigos? Eles permanecem junto com seus amigos durante a noite *inteira*?

A maioria dos pais nem imagina que não tem nenhum controle sobre as atividades consideradas "normais" na vida de seus filhos. Como os pais podem controlar quem são os amigos de seus filhos ou o que eles fazem? Como os pais podem saber o que está sendo dito ou feito quando seus filhos passam a noite na casa de outra pessoa? Todas essas são perguntas difíceis, mas para elas existe uma resposta.

Nós precisamos acordar para o fato de que aquilo que aparenta ser "o jeito normal de as crianças crescerem" pode, na verdade, representar pontos de entrada para que a cultura comece a moldar a mente e o coração delas.

Leitura Sem Proveito

Muitas das revistas voltadas para adolescentes nada mais são do que propaganda para promover ícones da cultura pop e valores imprecisos que são passados do editor para os leitores. A montanha de música e revistas pop destinadas aos jovens visa mantê-los com a boca cheia d'água, desejando mais dessa cultura. À primeira vista, poderíamos pensar que se trata apenas de revistas sobre moda e glamour, mas, na verdade, elas estão comunicando em grandes doses uma cultura contra a qual seria melhor vacinar seus filhos.

Por exemplo, uma edição recente da revista *Seventeen* (publicação voltada para o público adolescente nos Estados Unidos) foi publicada com uma matéria exibindo pornografia descarada — fotografias da genitália feminina, com todo o tipo de perguntas e respostas, conversa que uma jovem deveria manter com sua mãe na privacidade de seu lar. Algumas das perguntas eram: "Eu teria um período menstrual se estivesse grávida? Qual é o melhor momento para fazer sexo? É normal pensar muito em sexo? É normal ter espinhas na região da minha vagina?". Em outra edição da *Seventeen*, a matéria principal era "Como Contar Que Você é Lésbica?". O segundo artigo era "Como Contar a Seus Pais Que Você é Lésbica?", e o título do terceiro artigo era "Como Fazer Sexo Seguro Sendo Lésbica". Na melhor das hipóteses, essa espécie de revista está entorpecendo a mente de seus adolescentes com informações sobre o que este ou aquele astro pop estão fazendo. Na pior, ela está ativamente incutindo valores errados em seus filhos.

Em dezembro de 2007, Sean Hannity convidou a mim e minha filha Charity para aparecermos em seu programa e travarmos um debate com Julia Allison. A senhora Allison é colunista da revista *Star*, apenas uma das publicações que nos Estados Unidos promovem valores que continuadamente vemos destruir nossas preciosas filhas. Sean pediu-me para discorrer sobre o impacto que o conteúdo sexual em anúncios, revistas e filmes exerce sobre os jovens. Depois, ele quis que eu debatesse com a senhora Allison, que é uma firme defensora dos direitos sexuais dos adolescentes.

Julia Allison foi incisiva ao dizer que nós "não podemos seriamente esperar que os jovens não pratiquem sexo". A forma como ela comunicou sua tendência não foi nada sutil; segundo seu ponto de vista, não há absolutamente nada de errado com o fato de adolescentes se envolverem sexualmente. Para ela, a ideia de que um pai possa evitar que seus filhos pratiquem sexo é absurda e ridícula. A terrível realidade é que essa mesma pessoa é quem escreve os artigos que a maioria das nossas filhas está digerindo todas as semanas nos Estados Unidos.

Música, Tevê, Filmes

Todas as coisas que já mencionei estão classificadas na categoria de entretenimento. Mas em especial, o entretenimento sob a forma de filmes, televisão e música é o que está formando nossa geração jovem. Embora consideremos tudo isso como entretenimento, na verdade, se trata de conteúdos ou programas fundamentados *em informação* que incluem entretenimento como uma forma de atrair mais audiência. Eles comunicam valores e informações sobre o mundo e, talvez, sobre a vida, que nossos filhos ainda não estão prontos para processar e assimilar.

O problema é que um demasiado número de pais usa essas avenidas de comunicação para manter seus filhos ocupados, presenciando uma parte da "inevitável" cultura em que vivemos. A televisão, por exemplo, transmite cerca de vinte mil cenas de sexo que a média das pessoas jovens assistirá até se formar no Ensino Médio![11]

Dê uma olhada em algumas dessas estatísticas:

- Os filmes têm oitenta e sete por cento de probabilidade de apresentarem material sexual.
- Mais de três entre cada quatro norte-americanos afirmam que a forma como os programas de televisão mostram o sexo encoraja o comportamento sexual irresponsável.
- Sessenta e quatro por cento de todos os programas incluem conteúdo sexual, apenas quinze por cento mencionam abstinência, proteção e consequências.
- Cinquenta e nove por cento dos pais dizem que seus meninos de quatro a seis anos imitam o comportamento agressivo visto na televisão.
- Sessenta por cento dos pais se dizem "muito" preocupados com a quantidade de cenas de sexo a que seus filhos estão expostos através da televisão.
- Entre os programas com conteúdo sexual, 5 cenas são exibidas a cada hora no horário normal, 5,9 cenas são mostradas por hora no horário nobre e 6,7 cenas são apresentadas por hora nos programas dedicados aos adolescentes.
- Oitenta e três por cento dos filhos entre oito e dezoito anos possuem pelo menos um aparelho de videogame em seu lar; trinta e um por cento têm três ou mais e quarenta e nove por cento têm videogames em seu quarto.
- Mais de oitenta por cento dos filhos vivem em lares que têm serviços de tevê a cabo ou satélite.
- Filhos de pais norte-americanos, entre dois e dezessete anos, assistem à televisão uma média de vinte e cinco horas por semana, ou três horas por dia. Praticamente um entre cinco assiste a mais de quarenta e quatro horas de televisão por semana.
- Em média, os jovens gastam quase quatro horas por dia assistindo à tevê e aos vídeos.[12]

A questão é: cada vez que seus filhos assistem a qualquer uma dessas coisas, eles não apenas estão assimilando os valores dos criadores — os visionários — desses produtos, como também esse conteúdo está entorpecendo a própria capacidade deles de sonhar.

Matadores de Sonhos

Se nós quisermos fazer parte dos dois por cento de visionários que moldam o mundo, e se quisermos criar filhos que façam parte desses dois por cento, precisamos nos assegurar de que eles não sejam absorvidos pelos outros noventa e oito por cento. Nós não apenas precisamos ser visionários, mas também precisamos ensinar nossos filhos a sê-lo em benefício de sua geração. Observe esta passagem das Escrituras: "... os jovens terão visões..." (Joel 2:28). Nossos jovens precisam ter uma visão de como Deus pode usá-los para mudar sua geração e fazer diferença no mundo.

Todas as vezes em que eles veem, ouvem e participam por uma, duas, três, quatro horas de um site, um filme, uma revista, seu coração está sendo tomado pela visão de outra pessoa, mesmo que seja por aquele curto espaço de tempo. Assim, esses adolescentes deixam de criar uma cultura por si mesmos. O fato é que *ou somos visionários ou acabaremos fazendo parte da visão de outra pessoa.* Todas as vezes em que permitimos que nossos filhos vejam, sintam, toquem e abracem essa cultura, eles se tornam parte de uma visão que pertence a outra pessoa. Cada filme, música, site e revista foram, em determinado momento, a visão de outra pessoa. Quando pagamos ingresso para ver um filme, por aquelas duas horas somos parte da visão do roteirista. Quando permitimos que nossos filhos mergulhem na cultura, eles ficam totalmente fascinados e monopolizados pelo vasto oceano da visão alheia que os transforma em robôs sem aptidão de sonhar e ter a própria visão.

Nossa tarefa não é apenas protegê-los do turbilhão dessa cultura prejudicial e negativa, mas também inspirá-los a serem aqueles que têm visão. Não devemos ser pessoas que combatem cegamente tudo o que diz respeito à cultura na esperança de mudarmos alguma coisa. Isso não vai funcionar. Mas nós podemos e devemos criar em nossa família uma *nova cultura*, superior à cultura pop, a fim de que nossos filhos possam discernir claramente a diferença entre elas e sejam sábios o bastante para evitar serem enganados.

Precisamos ser cuidadosos com relação ao que convidamos a entrar em nossa sala de estar em nome do entretenimento. Se você permitir que as coisas erradas entrem, esses terroristas irão seduzir seus filhos, comunicar valores prejudiciais e, assim fazendo, envenenar sua visão do mundo, o que pode acompanhá-los pelo resto da vida. Se pudermos perceber os perigos da cultura deturpada ao nosso redor, certamente seremos espertos o bastante para não convidar um terrorista para entrar em nossa sala.

Capítulo 5

Um Para-choque Cultural Para Sua Família

É fácil discutir sobre algo que as outras pessoas estão fazendo. Você não faz realmente parte disso; você não está realmente sendo moldado pela cultura do mundo. Será que é assim? Todos nós temos a possibilidade de sermos enganados e moldados pelo que vemos e ouvimos. É fácil pensar: "Bem, Ron, você está falando sobre todas essas *outras* famílias que realmente não se preocupam". Estou certo de que os pais mencionados no capítulo 3 disseram a mesma coisa. Sendo assim, neste capítulo vou lhe dar alguns critérios práticos para ajudá-lo a ver o quanto a cultura pode estar afetando sua família.

Quantas Tevês Você Tem?

Alguns pais pensam que dar a seus filhos aquilo que nunca tiveram durante seu crescimento é uma forma de abençoá-los. Um equipamento de mídia pessoal que alimenta um filho dia e noite em seu quarto não é uma benção. Eu inclusive ouvi falar de um líder de ministério que permite que seu filho assista a filmes com sua namorada em seu quarto, na cama, com a porta trancada. Katie e eu poderíamos ter posto uma tevê em cada quarto de nossos filhos, ou dado aparelhos de som a eles enquanto ainda eram pequenos, ou enchido sua vida com videogames. Mas não quisemos dar a eles um acesso fácil à mídia e correr o risco de vê-los viciados. Quando nossos filhos eram pequenos, nosso aparelho de tevê familiar só sintonizava três canais. Claro que podíamos pagar por uma antena parabólica ou por um serviço de tevê a cabo, mas não queríamos que o mundo invadisse nosso lar e tomasse nossos filhos como reféns. Penso que grande parte das conveniências que muitas pessoas agora consideram uma necessidade é mais uma maldição do que uma benção. Além do mais, precisamos ser cuidadosos quando justificamos a contratação da tevê a cabo *para as crianças* quando, na realidade, estamos pensando nos canais de esportes e filmes de que gostamos, e que teremos de sacrificar caso decidamos desligar o serviço.

Você estabeleceu regras para aquilo que seus filhos podem assistir? Quando nossos filhos assistiam à tevê, eram bastante obedientes quanto ao tipo de programas que podiam ver. Nós tentamos ensinar a eles, mesmo quando ainda eram bem pequenos, por que não poderiam assistir algumas coisas. Por exemplo, não permitíamos desenhos animados que contivessem feitiçaria ou programas que exibissem desrespeito aos pais. Nós explicávamos como isso era justamente um truque do inimigo para fazer com que todas as coisas contrárias à Bíblia parecessem ser muito atraentes. Confiamos que nossos filhos teriam discernimento, e muitas vezes partia deles a iniciativa de mudar de canal quando alguma coisa prejudicial aparecia na tela, sem que houvesse necessidade de dizermos coisa alguma. Ainda assim, é impossível prever quando um comercial obsceno vai aparecer ou quando uma piada sexual grosseira vai se insinuar durante um programa de televisão.

Você estabeleceu regras sobre quanto tempo seus filhos podem assistir à televisão por dia? Nossos filhos assistiam no máximo a uma hora de tevê por dia e talvez a duas horas de desenhos animados aos sábados pela manhã. Sim, eles assistiam a vários outros vídeos e filmes para crianças, mas era um material mais controlado.

Quantos iPods ou Tocadores de MP3 Sua Família Possui?

Você sabe que músicas estão nos iPods de seus filhos? Existe em seu lar um processo para aprovar as músicas a serem adquiridas? Você ensinou seus filhos a ouvirem música apropriadamente? Quando nossos filhos ganharam um tocador de CDs, desde o início eles sabiam que não deveriam nunca usar fones de ouvido quando estivessem no carro ou quando houvesse outras pessoas por perto. Nós queríamos que eles entendessem que esse "dispositivo pessoal de música" não iria dominar a vida deles ou a nossa. Nós não permitiríamos que ouvir música substituísse a conversa em família.

Só porque seus filhos querem um aparelho como um iPod ou tocador de MP3, isso não significa que eles devam ter um. Como pai, você precisa decidir quando essas coisas são apropriadas e tomar consciência das implicações que acarretam. Eles não são apenas aparelhos "legais" que lhes permitem ouvir música; representam também um convite para que a música faça parte em tempo integral de sua vida. Ao dar a seus filhos esses aparelhos, você estará basicamente lhes permitindo ter algo que pode dominar a vida deles.

Pense sobre isso em relação a qualquer tipo de mídia. Pode ser que o computador ou o aparelho de videogame estejam absorvendo todo o tempo deles. Não se deixe enganar pela ideia de que, pelo fato de estar dando a seus filhos presentes "legais", você seja um ótimo pai. Ao contrário, conscientize-se de que essas coisas "legais" são, na verdade, formas de mídia que podem começar a levantar um muro entre você e seus filhos, exercendo uma influência maior do que a sua.

Quando você sentir que é hora de dar esse tipo de aparelho para seus filhos (como falei, meus filhos só ganham um MP3 após completarem dezesseis anos), o presente deve vir acompanhado de condições. Elas podem ser:

- Você só pode ouvir música durante [x] horas por dia.
- Você só pode ouvir músicas que eu tenha aprovado.
- Você não tem permissão para usar fones de ouvido enquanto estiver no carro, porque nesse momento estaremos falando um com o outro.

Converse também com seus filhos sobre o modo correto de ouvir música para que eles não adotem a atitude de achar que só porque agora possuem aquele aparelho, podem inundar o cérebro com música vinte e quatro horas por dia, sete dias por semana. Como pai, você pode estabelecer condições com certa liberdade, mas ainda assim estará moldando sua vida e a cultura de seu lar.

Quantos Computadores Você Tem Em Casa?

Espero que você tenha regras quanto ao tempo que seus filhos têm permissão para estar na internet ou jogar no computador por dia. Nossos filhos sempre tiveram a regra de "uma hora por dia". Para alguns de vocês, seus filhos podem ter que atravessar um período de "abstinência de mídia", porque ela tem feito de tudo para ocupar o tempo deles.

Há um computador no quarto de seu filho? Espero que a essa altura você já tenha imaginado que JAMAIS deveria permitir que isso acontecesse. Esse é um território perigoso. O único computador da nossa família sempre permaneceu na sala principal, onde podemos monitorar facilmente quem está online e por quanto tempo (alguns softwares que funcionam como filtros podem fazer isso por você). Assim que minha filha mais velha se formou no Ensino Médio, nós lhe compramos um Macbook (que na verdade não é um computador, mas uma máquina de mídia móvel). Nós lhe dissemos que ela poderia fazer sua tarefa de casa e outros projetos OFFLINE em seu quarto, mas sempre que estivesse online, precisaria estar em uma área comum da casa.

Você sabe que sites seus filhos têm visitado? Isso é invasão de privacidade? Sim, e é um direito seu na condição de pai. Você estabelece francamente as regras sobre como o computador deve ser usado, e também vai querer saber todos os lugares/pessoas/amigos com quem eles estão envolvidos. Esse é o seu trabalho como pai. Dessa forma, não haverá surpresas quando você olhar o histórico de onde eles estiveram navegando na web.

Você tem softwares de proteção para internet em todos os computadores? Não se trata de não confiar em seu filho, mas sim de não confiar no mundo. Estudos mostram que *nove entre cada dez crianças que fazem regularmente suas lições de casa na internet recebem online uma mensagem sexual indesejada.*[1] Pais, nós precisamos ser inteligentes. Certa vez, fiquei sentado em estado de choque em uma sala cheia de líderes de ministérios e advogados da área de família quando o oficial do Departamento de Justiça nos perguntou quem entre nós tinha software de proteção em seus computadores. Somente três pessoas e eu em um grupo de cerca de sessenta pessoas levantamos as mãos! Como podemos nos queixar do mundo quando não fazemos o que deveríamos para proteger nossos filhos?

Mídia em Telefones Celulares

O telefone celular que você dá a seus filhos não é apenas um dispositivo para você se comunicar com eles. Ele abre um universo de comunicação com os seus colegas de uma maneira que você pode jamais conhecer. É também um universo de mídia a que eles se expõem e podem acessar a qualquer momento.

Você habilitou mensagens de texto no celular de seus filhos? Você pode dar a eles um celular que não esteja habilitado para mensagens de texto (ou você mesmo pode desabilitá-lo). Se você agir assim, eles vão pensar que estão na Idade da Pedra, porque todos os seus amigos têm celulares habilitados, mas isso poderá protegê-los de conversas sem objetivo, especialmente com "amigos" que você não conhece. Além disso, também vai evitar que as faturas de celular com mensagens de texto atinjam valores exorbitantes de centenas e até milhares de reais. Não muito tempo atrás, o *Washington Post* relatou a história de Sofia Rubenstein, de dezessete anos, que enviou 6.807 mensagens de texto em um único mês.[2]

Se e quando você decidir ativar a habilitação para mensagens de texto no celular de seus filhos, deixe-os saber que existem limites para a quantidade de mensagens que podem enviar, quando podem fazer isso, para quem poderão enviar as mensagens (somente pessoas que você conheça). Deixe claro que você estará acompanhando regularmente seus hábitos de envio de mensagens e conversas. *Liberdade nunca é concedida sem ser acompanhada de responsabilidade e prestação de contas.* Assegure-se de limitar ou proibir o envio de fotos. Você pode proibir o envio de fotos entrando em contato com a operadora do telefone para evitar que seus filhos façam parte de uma possível troca frenética de imagens. Considere algumas destas citações extraídas de artigos recentes justamente sobre esse assunto:

Escândalo Sobre Pornografia Em Telefones Celulares Atinge Escola Nos Estados Unidos

ALLENTOWN, Pensilvânia — A polícia enfrentou uma tarefa difícil, se não impossível, na quinta-feira, enquanto tentava impedir a propagação de um vídeo e fotos pornográficos de duas garotas do Ensino Médio, imagens que foram transmitidas por celulares para dezenas de colegas de classe das jovens e depois para todo o mundo...

Pelo menos quarenta alunos da escola Parkland High School, suspeitos de terem recebido as imagens, não serão processados desde que mostrem seus celulares para a polícia até terça-feira, certificando assim que as imagens foram apagadas. Mas os alunos da escola disseram que a distribuição foi muito mais ampla...[3]

Policiais Afirmam: Estudantes do Ensimo Médio Trocaram Fotos de Si Mesmos Nus Pelo Celular

FARMINGTON, Utah — A polícia está interrogando um grupo de adolescentes acusados de trocarem fotos de nudez pelo telefone celular.

A polícia de Farmington... declara que cerca de seis alunos da escola Farmington Junior High School tiraram fotografias de si mesmos nus e depois compartilharam as imagens.

O pai de um dos jovens encontrou as fotos no celular de seu filho e chamou a polícia. Os detetives declaram que os meninos e as meninas entre treze e quatorze anos interrogados disseram que tiraram as fotos por brincadeira, mas isso pode ser crime...[4]

Troca de Fotos de Nudez Via Celular Agora Faz Parte do Namoro Adolescente, Dizem Especialistas

COLUMBUS, Ohio — Esqueça a troca de bilhetes na sala de aula; alguns adolescentes agora estão usando seus telefones celulares para flertar e enviar fotos de si mesmos nus.

Mensagens de texto instantâneas, fotos e vídeos se tornaram parte do comportamento de paquera de alguns adolescentes, dizem policiais e funcionários da escola.

As mensagens se espalham rapidamente e algumas vezes encontram o caminho para os sites públicos.

"Tenho visto de tudo, desde *striptease* básico a atos sexuais sendo realizados", declara o detetive de polícia de Reynoldsburg, Brian Marvin, membro da Força Tarefa de Crimes Virtuais do FBI da Central de Ohio. "Pense no que for, e eles farão isso dentro de suas casas sob essa percepção de anonimato".[5]

A internet está desabilitada no celular do seu filho? Isso pode impedir que seu filho receba mensagens e vídeos indesejáveis da web. Na Inglaterra, grande parte da renda proporcionada pelos telefones celulares é gerada pela pornografia neles baixada, e isso está rapidamente vindo ao nosso encontro. Isso vai impedi-los de "navegar" quando você não estiver por perto e evitar que "comprem coisas" pela internet, como músicas e opções de toque sem o seu conhecimento (e que são acrescentadas mais tarde em sua fatura mensal).

Informações Sobre Como Limitar as Opções dos Celulares

Entre em contato com sua operadora de telefonia e verifique a possibilidade de limitar o uso das seguintes formas:

- Número de mensagens de texto e mensagens instantâneas
- Limite para compras que podem ser baixadas (toques, jogos e mais)
- Horários do dia em que o celular pode ser usado para enviar mensagens, navegar na internet e ligações para fora
- Para quem o telefone pode ligar ou enviar mensagens (entrada e saída) por meio do bloqueio ou da permissão para certos números
- Limitar o acesso a conteúdos impróprios para crianças
- Facilmente restringir o acesso sem fio a sites da web de telefonia móvel, bem como impedir a compra de conteúdos e subscrições de preço elevado
- Restringir o acesso a sites de conteúdo adulto, impróprio para crianças (filtro de conteúdo)
- Evitar que crianças comprem conteúdo de preço elevado (tais como toques, jogos e desenhos) que são diretamente debitados na conta do usuário (bloqueador de compras)
- Desativar um serviço específico pelo restante do mês uma vez atingido o seu limite
- Capacitá-lo a programar números permitidos (tais como o seu número e o da emergência) para que o celular sempre possa fazer a ligação, mesmo que o limite do mês já tenha sido utilizado (nesse caso, haverá uma notificação de que a ação é restrita e o serviço será interrompido até que se inicie o novo período de faturamento)[6]

Videogames

Aplicam-se as mesmas regras que já indiquei. Quando estão jogando videogame seus filhos estão na sala (e não no quarto)? Você estabeleceu uma política de quantidade de tempo limitada por dia? Você está ciente do conteúdo de cada jogo para que não exista "treinamento para matar" ou a prática de tiroteio contra seres humanos?

Verificando o Grau de Invasão da Cultura em Seu Lar

A menos que você pense que nós estamos abordando questões que afetam somente os pais "menos responsáveis", faça a si mesmo estas perguntas e veja qual é o resultado:

- Quantas citações tiradas do diálogo de um filme você ouviu sair da sua boca ou da boca de seus filhos nos últimos seis meses? (Ou na última semana?)
- Quantas citações tiradas dos anúncios você fez ou ouviu seus filhos fazerem?
- Quantas vezes você ouviu: "Mas João faz isso" ou "os pais de João deixam que ele faça isso"?
- O que acontece quando toda a família está reunida em volta da tevê vendo um programa e alguém interrompe para pedir alguma coisa ou acidentalmente muda de canal? O quanto a reação é violenta? Todos ficam bravos? Eles gritam bem alto: "Cale a boca!"? Isso pode ser um indicador de que você está tão imerso na mídia que a valoriza mais do que às pessoas de verdade que estão na sala com você.
- Você se descobre concordando com as solicitações de seus filhos só para que eles parem de amolar e você possa ter paz em sua casa? Você os deixa assistir àquele filme; você permite que tenham aquele videogame e aquela revista; você os deixa usar aquelas roupas questionáveis?
- Quando foi a última vez em que você comprou alguma coisa para sua filha que realmente não queria comprar, mas cedeu depois que ela viu tantos anúncios que simplesmente "precisava ter aquilo"?
- Seus filhos são capazes de citar incontáveis letras de suas músicas pop favoritas, mas as Escrituras nem tanto?
- O que seus filhos diriam se alguém lhes perguntasse: "Quais são a suas regras para assistir à tevê?" ou "quais são as regras para o uso da internet na sua casa?" ou ainda "quais são as regras estabelecidas e como elas são implementadas?"

- Seus filhos sabem o que está acontecendo com Jamie Lynn Spears (irmã mais nova de Britney Spears) neste momento, mas eles não têm a menor ideia de quais são seus valores familiares?
- Eles sempre se esquecem de que têm uma atividade na igreja determinada noite, mas nunca, jamais esquecem em que noite vai ao ar o programa de tevê preferido?
- Eles conhecem o enredo de vários programas de tevê, mas não fazem a menor ideia de qual seja sua herança familiar?

Se alguma dessas perguntas tocou algum ponto sensível ou crítico em relação à sua família, talvez seja verdade que você tenha sido mais invadido pela cultura popular do que tem consciência. A boa notícia é que *isso não precisa continuar desta maneira.* Você pode mudar o rumo de sua família e moldar ativamente o coração e mente de seus filhos. Você não apenas é capaz de fazer isso, como também *deve* fazê-lo. É a única esperança que seus filhos têm em meio a uma cultura que os bombardeia com mísseis em um ataque mortal a uma velocidade nunca antes imaginada, mas que agora é uma amarga realidade.

Capítulo 6

Criação Conveniente = Filhos que Sofreram Lavagem Cerebral

"Mas eles não podem evitar isso! Eles nasceram assim e eu não acho que haja algo de errado com o estilo de vida homossexual", diz seu filho de quinze anos. Você fica horrorizado; mal pode acreditar que está ouvindo isso de seu filho, criado em sua casa, um lar cristão!

"Mamãe, acho que estou apaixonada por esse garoto de dezessete anos, e queria saber tudo sobre proteção, porque acredito que estou pronta para fazer sexo", diz sua filha de treze anos.

"Seu filho está sendo expulso da escola por ter surrado outro garoto", diz a você o diretor da escola.

"Eu realmente acho que este livro que estou lendo faz todo o sentido para mim e o que diz é verdadeiro. Portanto, não vou mais frequentar a igreja com vocês. Igreja é apenas para cristãos fora de moda e fingidos", diz sua *esclarecida* filha de dezesseis anos.

"Quem diz que o aborto é realmente algo errado? Penso que uma mulher deve ter o direito de escolher o que fazer com o próprio corpo", afirma sua filha de dezoito anos, ao mesmo tempo em que comunica ter acabado de descobrir que está grávida.

"Mas eu não criei você desse jeito!", você exclama. "Eu o criei melhor que isso!".

Você fez isso, de verdade? Você o criou mesmo... ou a mídia o criou? Como é possível que filhos possam crescer dentro de lares de pessoas que declaram amar Jesus e acreditar na Bíblia, mas terem valores tão diferentes? *De algum modo permitimos que a mídia sequestrasse e fizesse lavagem cerebral em nossos filhos enquanto eles estavam sentados na nossa sala de estar! Nós permitimos que terroristas entrassem em nossos lares!*

O que mais eles aprenderam?

- Que homossexuais já nascem assim?
- Que entregar sua pureza antes do casamento é uma opção?
- Que espancar alguém é uma forma de resolver um desentendimento?
- Que se eles sentem que é assim, então deve ser verdadeiro?
- Que o aborto é uma questão de escolha da mulher, e o precioso bebê, vivo desde a concepção, não tem nenhum poder para invalidar esse tipo de decisão?

Apesar de todas as nossas boas intenções como pais, muitos de nós adotamos a tevê e outras tecnologias como distrações adequadas, e até mesmo como babás para nossos filhos. Desde a mais tenra idade nós os temos deixado sentados diante de um programa de televisão, de um filme ou do videogame para que pudéssemos "fazer as coisas". Ou então, geralmente acalmamos uma criança que choraminga até que ela consiga assistir a um filme que sabemos que deixa muito a desejar em matéria de bons valores. Embora isso pareça inofensivo, você acabará por descobrir por meio de uma revelação brutal e chocante, como em uma das conversas relacionadas anteriormente, que aquilo é de fato prejudicial. E quando essa conversa acontecer pode ser tarde demais para reverter o processo.

Os pais simplesmente não podem confiar seus filhos nas mãos daqueles cujos valores são torcidos e incorretos em nome do entretenimento. Eles não podem jamais garantir que os criadores de mídia tenham livre acesso aos seus jovens. Caso você ainda não tenha notado nós, como sociedade, ultrapassamos os limites do bom senso moral. Os dias de permissão negligente para que nossos filhos sejam paralisados pela mídia de sua escolha devem terminar, se quisermos criar esta geração com algum tipo de consciência moral real e um modo de vida saudável.

Como Isso Aconteceu?

A maioria das famílias tem duas rendas (aproximadamente oitenta por cento dos casais nos Estados Unidos estão ganhando renda dupla, o que significa que tanto o marido quanto a esposa trabalham fora, com o objetivo de proporcionar uma renda sólida e consistente para a família[1]). Se olharmos pela janela para o interior de um típico lar com crianças, o que veremos será um ciclone de atividade. Os pais (ou um dos pais) acordam os filhos, os arrumam e os levam para a escola; voltam para casa depois de um dia inteiro de trabalho, apressam-se para suas atividades pós-trabalho, alimentam as crianças e dão banho nelas, e ainda mantêm um passatempo pessoal. Parece que ficamos sem tempo muito rapidamente, não é? Afinal de contas, o jantar está no forno e alguém está querendo falar conosco ao telefone. Sendo assim, o que as crianças fazem? É verdade que muitos pais se esforçam para levar seus filhos a fazerem atividades depois da escola com o objetivo da ajudá-los a construir relacionamentos sociais. Mas já não é do mesmo modo que você e eu fomos criados quando, para ocupar nosso tempo, saíamos para brincar fora de casa, sozinhos ou com nossos irmãos ou com o Joãozinho da outra rua. Agora, o jeito mais fácil é ter algo eletrônico para ocupar os momentos de tédio, seja lá sob que forma for.

Crescemos em uma nação que constantemente era atormentada pelo desejo de possuir algo que não conseguia conquistar. Nossos filhos cresceram em uma sociedade onde um momento de calma, sem agitação, em meio a um constante fluxo de distrações se converte em um imenso tédio. Do ponto de vista dos pais, permitir às crianças uma distração contínua também envolve nosso egoísmo, porque não queremos ouvir nossos filhos queixando-se e choramingando. Para nosso conforto dizemos: "Eu estou sendo um bom pai. Por que não lhe dar o último videogame? Por que não deixar que ele assista a esse vídeo novamente? Por que não deixar que ele assista ao Nickelodeon ou seja lá o que for?". Isso é, na verdade, uma *criação conveniente.* Queremos aplacar a culpa com o que vai em nosso coração dizendo: "As outras crianças estão fazendo isso"; "é uma nova maneira de criar filhos"; "oh, existem boas histórias e princípios morais neste canal". Mas o fato é que as crianças estão sendo enganadas e levadas a participar de uma fraternidade de mídia e tecnologia, em vez de estabelecer ligações com pessoas de carne e osso.

Papai está ocupado com sua carreira. Mamãe também tem sua carreira, ou está ocupada tentando ser mãe, com um milhão de detalhes para administrar, um punhado de crianças e todas as suas atividades. Você bem que tentou fazê-los entrar para uma equipe esportiva, mas eles não parecem ter interesse em esportes. Não existem crianças na vizinhança que possam brincar com eles. Assim, um programa vespertino de televisão leva a outro e então a tendência é continuar até a noite. Um videogame puxa outro *(Oh, veja como eles estão jogando juntos...)* e os amigos vêm jogar videogame com seu filho. Eles estão realmente jogando *juntos?* Um site para crianças leva a outro.

Antes que você tome consciência, eles estiveram conectados com a mídia mais horas do que as que passam com você diariamente ou semanalmente — até mesmo mais horas do que as passadas na escola quando chegarem aos dezoito anos. Se seu filho adolescente comparecer à escola por cento e oitenta dias letivos, sete horas por dia, a média será de 75.600 minutos na escola, 224.640 minutos com algum tipo de mídia e meros 2.002 minutos conversando seriamente com seus pais em um ano. Um pai típico passa três minutos e meio mantendo uma conversa significativa com seu filho a cada semana em contraste com as setenta e duas horas que ele passa com a mídia por semana.[2]

Quem você acha que exercerá maior influência?

Criar Filhos é Sacrificar-se

A criação de filhos nunca teve o propósito de ser fácil. Ninguém jamais disse que é simples, sem esforço ou indolor. Se você já deixou seus filhos a cargo do controle remoto porque tem toda a espécie de "babás eletrônicas" disponíveis para preencher o tempo deles, pode até dizer que isso não os afeta, mas se eles ainda estão no processo de crescimento, como você pode ter tanta certeza disso? O ponto importante aqui é: *criação de filhos exige sacrifício.*

"Mas eu não tenho tempo", um pai pode dizer. "Eu sofro muita pressão no trabalho; estou tentando prover recursos para minha família". Aparentemente, essa é uma explicação racional, mas a questão é: *Prover o que para sua família?* Mais das coisas que a máquina da mídia está tentando vender? Você não deveria antes prover um ambiente seguro e amoroso para comunicar seus valores a seus filhos?

É inegável que, como pai, você *terá* de sacrificar *alguma coisa*. Você pode escolher sacrificar de antemão: tempo, sono, carreira e lazer enquanto seus filhos são pequenos. Mas eu também posso lhe garantir que você vai colher alegria e prazer à medida que eles crescerem. Você vai ganhar uma vida inteira conhecendo-os intimamente e terá o privilégio de ajudá-los a crescer para se tornarem adultos maduros, produtivos e devotos. *Se você não sacrificar antecipadamente, irá sacrificar mais tarde.* Pense em cenários tais como sua filha adolescente ficando grávida, ou seu filho engravidando alguém na juventude, várias vezes. Imagine ver seus filhos passarem por um divórcio (talvez várias vezes) e você tendo de encarar as visitas de genros ou noras divorciados pelo resto de sua vida. Você pode imaginar um viciado em televisão com trinta e cinco anos de idade acampado no seu sofá porque não é capaz de manter um emprego?

Seus filhos viverão mais tempo como adultos do que viveram como jovens. Conheci pessoas da geração mais velha que criaram filhos que só lhes causaram desgosto e arrependimento *durante toda a vida adulta. Isso* é que é sacrifício. Mesmo que você o faça simplesmente por motivos egoístas, sacrificar-se antecipadamente e passar o tempo necessário com seus filhos a fim de criá-los bem irá protegê-lo de uma vida inteira de sacrifícios.

Tenham Sonhos Para Seus Filhos

Você pode proteger seus filhos do desastre de serem moldados por uma geração confusa de adultos que vendem mídia, mas isso vai exigir deliberação. Isso vai exigir suor. Vai requerer comprometimento emocional e mental com seus filhos, a começar da mais tenra idade.

Você é o único que pode fazer isso. Você é a única pessoa que pode ser a mãe ou o pai de seus filhos. Existem muitas outras pessoas que amariam entreter seus filhos; existem muitas outras que ficariam felizes em tomar o seu dinheiro para preencherem o tempo de seus filhos e impedir que eles fiquem choramingando. Mas *você* é a única pessoa que pode depositar seus valores neles. Você é a única pessoa que tem a oportunidade de levá-los para caminhadas, passeios e acampamentos. Você é a única pessoa que pode manter com eles longas conversas sobre a história da sua família e acerca do que o futuro pode trazer. Muitas outras pessoas podem cuidar deles. Muitas outras pessoas podem alimentá-los e trocar suas fraldas. Mas você é a única mãe ou o único pai que eles terão.

Por isso, como pais, eu os encorajo da seguinte maneira: *Tenham sonhos para seus filhos.* Que tipo de filho você quer ter diante de si quando ele estiver com catorze ou quinze anos? Que jovem você espera que eles sejam quando estiverem com dezessete ou dezoito anos? Você está planejando ter, ou já tem, um lar cheio de viciados em televisão esperando que tudo lhes seja entregue nas mãos como se tivessem esse direito? Tenho certeza de que não é isso o que consta no topo da sua lista de desejos. Muitos dos pais que têm filhos assim não planejaram isso. Eles apenas não fizeram nada para impedir que isso acontecesse. Eles permitiram que a mídia acalmasse o choramingo de seus filhos enquanto eram pequenos e continuaram nessa rotina quando eles se tornaram adolescentes. Não faça nada e você terá aquilo que a MTV e canais similares planejaram para seus filhos: uma nova fornada quentinha de *mooks* e *midriffs*.

É tempo de ter uma visão e sonhar com aquilo que eles poderiam ser. Como você gostaria que seus filhos sejam quando estiverem com vinte e um ou vinte e dois anos? Você quer que eles guardem sua virgindade para o casamento? Você deseja que eles tenham mente e coração puros? Deseja que eles sejam seres humanos responsáveis que servem em suas comunidades? Você quer que eles sejam ativos em suas igrejas? Você quer que eles façam uma contribuição eterna para o Reino de Deus e para a vida das pessoas em todo o mundo?

Em resumo, você quer que eles sejam dirigidos pelo entretenimento ou pelo serviço aos outros? Uma pessoa dirigida pelo entretenimento é alguém que está constantemente satisfazendo a carne e desejando *a próxima coisa* que as envolverá e atormentará. Onde estão as pessoas cujo guia é o serviço ao próximo — aqueles homens e mulheres que sacrificam a vida em favor de outras pessoas? É uma escolha nossa, como pais, determinar que tipo de jovens queremos e o que vai ser necessário para produzi-los. Se você sonhar, arregaçar as mangas e for em busca do seu sonho, tenho certeza de que criará o tipo de filho do qual se orgulhará por muitos anos. Se você sacrificar *agora* colherá a benção *pelo resto da sua vida,* e o mundo jamais será o mesmo.

Você pode navegar pelas águas perigosas da cultura popular, mas terá de aprender a conduzir o barco. O que você está prestes a ler e, espero, assimilar e aplicar, irá proteger seus filhos da parte destrutiva da cultura e mostrar a você como plantar seus valores neles com eficácia.

Simplesmente trazer crianças ao mundo não faz de você um pai ou mãe. É a decisão de sacrificar-se enquanto seus filhos são pequenos, abandonando sua "merecida" liberdade e pensando profundamente no modo como eles estão sendo formados que garantirá para toda a vida a libertação deles das correntes de escravidão da nossa cultura. Isso funciona, e se chama *amar seus filhos.* Isso se chama ser pai e mãe.

Para ter acesso à experiência *Recriar* completa, visite o site www.battlecry.com para assistir aos vídeos e encontrar outras informações.

Capítulo 7

Quem é Dono do Coração Deles?

Quando seus filhos são ainda bem pequenos, é fácil ver que você ainda possui o coração deles. Eles levantam os olhos para você contemplando-o amorosamente, desejando agradá-lo — em parte porque não querem ser castigados, e em parte porque literalmente o amam demais e acreditam que você não pode fazer nada errado. A essa altura da vida de sua criança, ela não notou ainda muitas das suas falhas. Quando ficam um pouco mais velhas, entretanto, seu olhar amoroso começa a enfraquecer. Muitas vezes, entre os seis e oito anos de idade, você ouvirá seu filho dizer coisas como: "Eu quero aquele brinquedo que vi na tevê", ou "mamãe, por que eu não posso brincar com...?" ou ainda, "Joãozinho consegue fazer isso, por que eu não consigo?". Tudo isso são sinais indicativos de que os amigos começaram a ser um pouco mais donos do coração do seu filho do que você.

A mudança dessa posse não é algo que acontece de forma drástica. Entretanto, existem sinais sutis de que amigos estão começando a ter mais autoridade do que você. Seus filhos começam a reagir às sugestões que recebem de seus amigos quanto ao que vestir e o que fazer, de uma forma mais intensa do que reagem às sugestões que você lhes dá sobre os mesmos assuntos. Eles desenvolvem uma disposição mental que se preocupa mais em agradar aos seus amigos do que a você. No início, esse padrão de pensamentos é mínimo, mas cada pequenina coisa que você enxerga é um sinal de que o coração do seu filho está sendo atraído para longe de você.

Algumas pessoas diriam: "Essas pequeninas coisas fazem parte do crescimento". E é verdade que a maioria dos pais não se preocupa com isso. Contudo, as perguntas que seus filhos fazem, baseadas em sentimentos gerados pela pressão dos colegas sobre por que seus amigos conseguem fazer alguma coisa e eles não, e assim por diante, são respondidas da seguinte maneira: "Porque eu não sou pai do Joãozinho, sou?", "faça o que eu estou mandando" ou "em nossa casa nós não fazemos isso". Embora essas respostas sejam em parte verdadeiras, há uma questão mais profunda aqui: Será realmente uma "parte natural do crescimento" que o coração de nossos filhos sejam entregues mais a seus amigos do que a seus pais? Eu não estou certo disso. Isso pode ser uma parte inerente ao crescimento, mas não significa que não podemos deter o avanço dessa maré de transferência da afeição deles. Isso não significa que estamos condenados a perder nossos filhos, nem que certamente haverá o conflito incessante com a mentalidade do tipo "porque eu disse e acabou!" desde agora até o momento em que eles saírem de casa.

As pequenas mudanças que sinalizam um afastamento continuam quando passamos a vê-los viver os anos da "idade louca", entre os doze e dezessete anos. É nesse momento que passamos a ouvir coisas do tipo: "Eu preciso ter aquele CD; ele está sendo lançado agora"; "eu preciso vestir aquelas roupas porque elas são as mais 'legais' que já existiram"; "eu tenho de assistir a esse programa da tevê"; "eu quero minha MTV!". Essa última afirmação sinalizadora de desafio mostra a formação da atitude "eu quero que a cultura que está me moldando continue fazendo isso e eu quero abraçá-la". Muitas vezes, grande parte dos pais concorda só para que seus filhos não os aborreçam com seus pedidos insistentes e para silenciar suas queixas inflexíveis. Eles justificam essa concordância dizendo: "Não é tão ruim assim. É apenas um canal de televisão musical; para que tanto barulho, certo?". "São apenas umas roupas novas" ou "é verdade, fica à mostra um pouco mais de pele do que com as roupas que usávamos quando jovens, mas isso apenas faz parte da cultura".

Todos esses sinais — de que a cultura possui uma parte maior do coração dos nossos filhos do que nós — começam quando eles são pequenos. Enfim, o que isso significa é que a cultura exerce mais impacto do que nós em nossos filhos. A cultura os define, é dona deles e os possui. Afinal de contas, quando a MTV diz: "Nós não anunciamos para esta geração; nós possuímos esta geração", de muitas formas, isso é realmente verdade.[1] O que eles dizem é uma ordem. O que eles apresentam, vende. Podemos dizer: "Enquanto você estiver na minha casa, não vai assistir a isso" ou "não vai usar aquilo", mas essas reações por parte de um pai, na verdade, não tocam na questão de quem é dono do coração dos filhos.

Em algum ponto desse processo no qual o coração sai da influência dos pais para a influência dos colegas e da cultura, os filhos são transformados em máquinas que não querem ouvir nada do que os pais têm a dizer. Eles não querem conversar com seus pais sobre as coisas em geral. Eles não querem aceitar as instruções de seus pais. Quando o fazem, é de má vontade, com uma atitude errada de coração. Eles não estão dispostos a aceitar os valores que tentamos fazê-los abraçar.

A mudança de propriedade do coração pode ser uma parte "natural" do processo de crescimento, mas não é inevitável se nós, como pais, nos interpusermos entre nossos jovens e a cultura que está lá fora reivindicando nossos filhos. Aquele que for dono do seu coração exercerá mais influência sobre eles.

O Medidor do Coração

Pais, vocês é que têm de intervir na vida de seus filhos para impedir que eles sejam afastados pela cultura. Para fazer isso, vocês precisam desenvolver um "medidor do coração" para os seus filhos, por meio da procura de sinais, mesmo enquanto eles forem bem pequenos. Vigie para ver quem possui o coração e a mente de seus filhos em cada etapa do seu crescimento, e quem está validando suas ações. Quando você começar a perceber sinais de que seus filhos se preocupam com o que seus amigos ou a cultura pensam mais do que com o que você pensa, isso deve servir de indicador para que você se incline mais para eles. Não quero dizer com isso que você deve apontar o dedo para eles e dizer "é assim que as coisas vão ser". Você deve se inclinar para eles no sentido *relacional*. Você precisa conquistar de novo o coração de seus filhos, afastando-os da cultura e de seus amigos, para assim se tornar o referencial deles: aquele que eles buscam para obter conselho e direção. Isso, porém exige um constante monitoramento de quem é dono do coração de seus filhos. Você pode ver isso por meio das pequenas declarações que eles fazem.

Durante o crescimento de nossas filhas, minha esposa e eu pudemos ver esses sinais surgindo algumas vezes até mesmo em relação às crianças da igreja ou da vizinhança que brincavam com elas. Sempre que nossas filhas faziam um comentário do tipo "bem, ela consegue fazer..." nós tentávamos intervir. Quando eu digo "intervir" quero dizer com isso que tomávamos consciência de uma bandeira vermelha que indicava que alguém ou alguma força havia invadido o coração de nossas filhas e nós precisamos intervir rapidamente. A forma de fazermos isso era investindo *tempo*. Nós intervínhamos e começávamos a passar mais tempo com elas, falando sobre os assuntos que elas introduziam, explicando por que nossos valores eram diferentes daquilo que elas desejavam fazer. Não estou falando de passar um sermão depois do outro esperando que alguma coisa fique no seu íntimo, mas sim de conversar e gastar tempo, estabelecendo uma afinidade por meio de uma ligação franca, resultando em que elas se preocupassem mais com o que nós pensávamos, permitindo mais oportunidades para comunicarmos os valores que para nós eram mais importantes.

É mais ou menos como um jóquei montando um cavalo. Quando faz a curva, ele se inclina em determinada direção. Ele observa cautelosamente. É isso o que significa criar filhos — é observar em busca de sinais de quem é dono do coração deles e fazer as correções de curso necessárias. Observar em busca de pequenos indicadores: frases ou *slogans* que eles usem, citações ou canções de filmes ou propaganda. Depois, passar a olhar de onde vêm os sinais e observar se eles passam tempo demais com o amigo ou com a mídia errados. Você já está restringindo o seu consumo de mídia, como todo bom pai faria, mas mesmo assim, nunca deixe as coisas no piloto automático.

Quando as crianças dizem coisas como: "Eu não me importo com o que você diz", e nós respondemos: "É melhor você se importar, porque é assim que vai ser na minha casa", podemos ter sucesso em controlar seu comportamento enquanto elas estão dentro de casa, naquele momento, mas não conseguiremos conquistar o seu coração quando não estiverem por perto, vinte e quatro horas por dia, sete dias por semana. O que elas estão ouvindo enquanto estão na escola? Como estão se vestindo quando estão na escola? O mundo está cheio de crianças que se vestem de certa maneira em casa, mas assim que chegam à escola, retiram uma camada de roupa para se vestir da maneira insinuante que bem entenderem. Elas estão sendo obedientes de acordo com a letra da lei ou de acordo com o espírito da lei quando você estabelece regras de comportamento?

Quando se trata do coração, *você não pode dar ordens a ele; você precisa conquistá-lo.* É nossa tarefa como pais conquistar o coração de nossos filhos, de forma que eles *queiram* nos ouvir. Se permitirmos que a cultura ou seus amigos os dominem, será extremamente difícil reconquistar seu respeito, mas isso poderá ser feito.

Conquistando o Coração Dos Nossos Filhos

Durante o crescimento de minhas filhas, ainda quando elas tinham um ano de vida, eu costumava passar um tempo com elas, levando uma ou outra comigo em minhas viagens de fim de semana para os eventos com adolescentes em ginásios por todo o país. Nós fazíamos coisas divertidas. Por exemplo, quando eu tinha um intervalo, nós escapávamos em meio a um itinerário de pregações apertado para irmos a um parque de diversões ou a um museu infantil. Quando elas ficaram um pouco maiores, íamos a concertos na cidade onde eu estava pregando ou saíamos para um bom jantar.

Durante os anos de adolescência, eu regularmente tinha "encontros" com minhas filhas. Quando notava sinais de afastamento ou via que seu coração não estava totalmente envolvido, eu me aproximava e dizia: "Ei, vamos tomar um café" ou "eu vou me levantar cedo para levar você à escola, assim podemos tomar o café da manhã no caminho e conversar". O que aquilo significava literalmente era que *eu me levantaria mais cedo*, umas duas horas antes, a fim de abrir um espaço para passarmos um tempo juntos. Isso exige sacrifício, mas é o que se chama ser pai. Também fiz a mesma coisa com o meu filho. Nós buscávamos novas aventuras para podermos criar vínculos e construir lembranças que começassem a atrair o coração dele em minha direção.

Quer a aventura fosse um café altas horas da noite, mesmo quando eu não tinha vontade por estar cansado e sabendo que tinha de acordar cedo, ou uma corrida noturna de três ou quatro quilômetros com minha filha Charity no fim de um dia atarefado (quando eu estava exausto por ter pregado no culto noturno de domingo e acabara de chegar em casa às onze e meia da noite) fazia parte da conquista do coração de meus filhos passarmos tempo juntos. Eu chamo esse tempo de "inclinar-se" em direção a eles.

Inclinar-se significa encontrar meios criativos de relacionamento para passar tempo juntos, para que você não se deixe apenas ficar sentado em uma sala sem nada mais para dizer do que "olá, como vai você?". *Inclinar-se com empenho* requer que você gaste *grande quantidade* de tempo com eles, fazendo coisas divertidas. Suas conversas iniciais com seus filhos podem ser um pouco desajeitadas. Você quer que eles compartilhem o que está em seu coração; você quer estar próximo deles, mas a atitude e a reação negativa deles pode ser gritar: "Eu não quero conversar com você, não quero estar com você. Por que você está fazendo isso?". Lembre-se apenas de que isso faz parte do seu trabalho como pai. Se você descobrir que seus filhos realmente não conversam ou compartilham seus sentimentos com você, então haverá uma necessidade maior ainda de inclinar-se para eles. Não tente sondá-los ou provocá-los para que falem com você imediatamente; apenas esteja por perto, fazendo coisas tolas e divertidas com eles. Por fim, eles irão conversar com você. E eles realmente desejam isso; somente querem ter certeza de que você é a pessoa com quem eles querem conversar.

Homens, comecem a fazer coisas com seus filhos. Marquem um "encontro" (ou saiam para um "rango" juntos, como alguns dizem) toda semana ou quinzenalmente e saiam para tomar o café da manhã ou apenas para fazer algo de que eles gostem, mesmo que você não goste. Vocês podem ir a um *paintball* ou praticar algum tipo de esporte de aventura, assistir a uma corrida de caminhões ou qualquer outra coisa que não exija que conversem o tempo todo. Por que não fazer alguma coisa fora da rotina, como preparar um jantar para as mulheres da família? Vocês terão um grande momento para rir e criar laços, além de deixar a mamãe emocionada!

Quando você se empenha em inclinar-se, seus filhos em breve entenderão a mensagem: "Puxa, o papai se importa comigo; ele quer me ouvir". Isso pode não acontecer na primeira semana ou no primeiro mês. Pode até mesmo não acontecer antes dos primeiros três ou quatro meses, mas se você continuar agindo assim o que vai acontecer naturalmente é que seus filhos vão se abrir; eles começarão a compartilhar o que está em seu coração.

Se você está cansado de perguntar "como vai você?" e ouvir "sei lá!"; ou perguntar "o que você quer fazer?" e ouvir "sei lá!", continue se inclinando. Sei que isso pode ser desestimulante, mas não desista. Mesmo que essas sejam as respostas habituais dos filhos para indicar que eles não estão interessados em compartilhar muito com você, não desista. Você não pode forçar a intimidade, mas pode obter sucesso em conquistá-la. Dependendo do quanto seus filhos estejam insensíveis, ou sendo controlados e manipulados pela cultura e pelos seus amigos, isso exigirá que você invista uma quantidade significativa de tempo para ganhar seu coração de volta, mas isso não é impossível.

Lembre-se de que é nosso trabalho como pais *conquistar, guardar* e *influenciar* o coração dos nossos filhos. Quando isso acontecer, eles se tornarão as pessoas que honram a Deus que nós sempre sonhamos que fossem.

Para ter acesso à experiência *Recriar* completa, visite o site www.battlecry.com para assistir aos vídeos e encontrar outras informações.

Capítulo 8

Janelas Para o Coração

"Meu filho simplesmente não quer conversar! Todas as vezes que eu lhe faço uma pergunta ele responde a mesma coisa: 'Sei lá!'".

Sua conversa com seus adolescentes é parecida com essa? Se for, deixe-me compartilhar com você algo que minha esposa e eu aprendemos quando nossos filhos eram pequenos. Chama-se *Janelas Para o Coração,* e é um conceito bastante simples. Uma "janela para o coração" significa que há momentos que surgem de vez em quando, nos quais existe uma vulnerabilidade peculiar para abordar o coração e a mente de seus filhos. Você pode reconhecer esses momentos de sinceridade por meio de uma pergunta ou vê-los em um relance.

Quando seus filhos disserem alguma coisa que demonstre *abertura,* preste muita atenção. A abertura pode surgir por meio de uma pergunta do tipo "mamãe, você me acha bonita?" ou "papai, no que você acha que eu sou bom?". Também pode ser um comentário como "eu acho que ninguém gosta de mim", ou inúmeras outras afirmações que ficam suspensas, esperando sua resposta. Em vez de responder automaticamente "é claro que você é bonita" ou "claro que as pessoas gostam de você", reconheça que uma janela para o coração dos seus filhos está escancarada, e sua percepção desses momentos de abertura podem levar a importantes discussões sobre a vida entre vocês.

O problema é que você nunca pode prever quando uma janela para a alma do seu filho vai se abrir. Isso pode acontecer a qualquer momento. Na maioria das vezes, uma janela se abre em um momento inconveniente, quando menos esperamos. Precisamos estar constantemente à espreita, esperando por esses momentos de abertura e, sem hesitação, *entrarmos por essa janela.*

Não se renda à vontade passageira de dizer "oh, querido, vamos falar sobre isso amanhã cedo". Aproveite a oportunidade!

Às vezes, a janela pode surgir com a frase "mamãe, podemos conversar?" ou "papai, quero falar de uma coisa com você". Mas, na maioria das vezes, seus filhos podem apenas começar falando sobre como foi o dia, e você pode sentir vontade de dizer "vamos falar sobre isso amanhã" ou "estou muito cansado". O fato é que a janela está aberta agora e você não sabe se ainda estará aberta amanhã. É claro que, como pais, nós pensamos: *Por que ela não estaria aberta amanhã? Amanhã é um dia tão bom quanto hoje e eu estarei mais atento, se puder ter um bom sono. Então vou poder pensar e orar a respeito das respostas que quero dar.* Nada disso faz sentido para uma criança que está sofrendo e simplesmente deseja ser ouvida. Você poderia voltar ao assunto no dia seguinte e dizer: "Ei, vamos falar sobre aquele assunto...", e seu filho responderia "oh, não precisa mais, está tudo bem". Então, a janela que estava aberta ontem, agora está firmemente fechada. Você pode tentar o quanto quiser, mas ela não irá abrir. E você não pode forçá-la a se abrir.

Como Estimular a Abertura de Uma Janela

A janela para o coração do seu filho tem maior probabilidade de se abrir depois de vocês terem feito alguma atividade juntos que nada tenha a ver com assuntos sérios. Por exemplo, quando vocês brincam de um jogo tolo ou vão a um lugar divertido onde seu filho sente uma atmosfera de amor, confiança e afeição de sua parte. A janela provavelmente começará a ranger e se abrirá por volta do fim da noite, depois de vocês terem passado um tempo juntos. Sim, você está cansado. Você ficaria feliz se a conversa surgisse mais cedo, quem sabe durante o jantar ou o café ou durante a atividade que vocês estavam fazendo. Mas não, seu filho quer tratar de um assunto *agora*. O pai prudente vai enxergar a fresta da janela aberta e aproveitar a deixa. E, mesmo cansados, o pai ou a mãe subirão e entrarão por ela, porque janelas abertas são poucas e distantes umas das outras.

Assim, quando seus filhos o convidarem para fazer alguma coisa com eles, mesmo que você não se sinta confortável e possa não ter vontade, *faça-o e faça-o com eles.* Mesmo quando o deixa com aparência de tolo, isso envia a eles uma mensagem. Isso cria laços entre vocês e prova que eles podem confiar em você de todo o coração.

Certa vez, na praia, uma de minhas filhas disse: "Venha, papai, vamos mergulhar nas ondas juntos". Eu já tinha mergulhado e agora queria relaxar. Eu queria ler, mas aquela era uma oportunidade para compartilhar uma experiência com ela. "A água está ótima; você precisa mergulhar nestas ondas", ela disse. E foi o que eu fiz. Agarrei a deixa e reagi ao fato de que ela esperava pela minha presença. O mesmo aplica-se aos seus filhos. Quando eles quiserem que você faça alguma coisa com eles, mesmo quando você preferir o contrário, *faça-o ainda assim,* e seus filhos se ligarão mais profundamente a você e estarão mais dispostos a se abrir.

Momentos Inconvenientes

Janelas para o coração geralmente se abrem quando você não quer que isso aconteça. É claro que algumas vezes os filhos estão sendo manipuladores na tentativa de ficarem acordados até mais tarde — eles simplesmente não querem ir para a cama ainda. Mas há muitos outros momentos em que eles estão sendo muito sinceros e realmente precisam conversar. O fato é que, mesmo que seu filho esteja sendo manipulador, ainda assim essa pode ser uma oportunidade para uma troca sincera. E daí se ele for para a cama um pouco mais tarde? Quão mais valioso é o fato de você conseguir conectar-se e conversar francamente com o seu adolescente! Nem sempre você consegue dizer se o seu filho está sendo sincero, mas sempre dê a ele o benefício da dúvida. Quando essa janela se abrir, entre por ela! As estatísticas mostram que as pessoas que puseram fim à própria vida, antes tentaram conversar sobre isso com alguém.[1] Portanto, ou ninguém as ouviu ou então não as levaram a sério.

É incalculável o número de conversas que tive com minhas filhas altas horas da noite. Isso geralmente acontece depois de eu ter um dia duro no trabalho e elas na escola. Eu dou uma espiada em seu quarto tarde da noite e vejo que elas ainda estão acordadas quando não deveriam. Eu poderia lhe dar inúmeros exemplos de quando isso aconteceu, como dois dias atrás, com minha filha Charity. Eu estava exausto depois de um longo dia, e ela disse: "Ei, você não quer fazer uma xícara de café para mim?". Eu disse: "Você quer café?", e ela respondeu: "Sim, vamos tomar café juntos". Aquela era uma pista de que ela queria passar um tempo comigo; ela queria conversar. Eu estava realmente cansado e não tinha vontade de conversar; queria apenas ir para a cama. Porém valorizo mais a abertura do coração de minha filha do que meu próprio sono. Eu poderia dormir mais tarde; a janela do seu coração poderia jamais se abrir da mesma maneira novamente. Se eu não explorasse aquele momento com ela, poderia criar uma lembrança que iria sussurrar: *Quando estou aberta, ele não quer conversar comigo.* E eu não vou permitir que um pensamento assim surja entre nós.

A janela para o coração do seu filho provavelmente vai se abrir quando você estiver ocupado com o trabalho, assistindo a um filme, navegando na internet ou envolvido em qualquer outra coisa que não seja conversar com seu filho. Mas, como pais, precisamos responder positivamente às pistas indicativas de que nossos filhos querem a nossa presença, mesmo quando estivermos entregues a qualquer outra atividade e terrivelmente ocupados. Aqueles sinais de um coração aberto podem se revelar ao nosso redor o tempo todo, e eles são *de longe mais importantes* e merecedores de atenção do que a distração oferecida por um filme; e *de longe mais importantes* do que ver um programa na tevê, ler um livro ou responder emails.

A Parte Mais Profunda do Coração do Seu Filho

Um adolescente vai conversar com *alguém* sobre o que está se passando em seu coração. A questão é: esse alguém vai ser você? Se não for você, será alguém com muito menos sabedoria? Ele irá em busca de um colega? Estudos mostram que muitos jovens se juntam a gangues por estarem em busca de uma proximidade familiar que não encontram em seus lares.[2]

O coração do seu filho será vulnerável àqueles que ouvirem o que ele tem a dizer. Será que ele está abrindo seu coração online no Orkut? É trágico quando um jovem exibe seu sofrimento em um blog para que todo mundo veja, porque mamãe e papai, sentados a dez passos de distância de onde o jovem está digitando, estão ocupados demais para ouvir. Se você não tem mantido uma conversa franca com seus filhos já há algum tempo, precisa descobrir com quem eles estão compartilhando o que está em seu coração. Mas faça isso de uma maneira muito sutil. Comece criando oportunidades tangíveis para demonstrar amor, de modo que talvez a janela para o coração deles venha ser aberta para você novamente.

Lembra-se de quando eu disse que criar filhos exige sacrifício? Sempre que você tiver uma conversa tarde da noite com seu adolescente, estará enviando uma mensagem positiva, e a janela para o coração dele começará a dar sinais de abertura. Seu interesse e seu amor tangíveis é o que atrai o coração de seus filhos para o seu. Isso é o que você quer acima de tudo. Porque, seja quem for aquele com quem seus filhos abrirem o coração, esse será o que terá mais influência na formação do coração e da vida deles.

Capítulo 9

Comunicando Seus Valores

"Eu não criei você assim!" — um pai exasperado diz depois de descobrir que seu filho se embebedou pela primeira vez. "Como você pôde fazer uma coisa dessas?" — lamenta uma mãe ao descobrir que sua filha teve relações homossexuais, ou fez sexo ou está grávida. Minha pergunta para esses pais é: "Como você criou o seu filho?". Ou será que foi a mídia que criou o seu filho? Quem produz mais efeito sobre seus filhos: você ou a cultura? É fácil acreditar que é você, mas é preciso não ter tanta certeza disso. Você precisa comunicar ativamente seus valores para seus filhos, fazendo isso de uma maneira clara e que os envolva. Afinal de contas, a cultura é bastante ativa e agressiva na forma como comunica seus valores!

Pense sobre isto: Nos Estados Unidos, filmes classificados como permitidos para todas as idades faturam de longe mais dinheiro do que aqueles classificados como contendo material não apropriado para crianças, os que contêm material não apropriado para crianças menores de treze anos ou de conteúdo restrito (que exige a companhia de um pai ou adulto para menores de dezessete anos)[1]. Embora muitos dos filmes classificados como livres para todas as idades contenham alguns valores questionáveis, muitos deles são sadios e voltados para a família. Então, por que não são todos os filmes classificados como livres? Se eles são os que mais faturam dinheiro, por que Hollywood não concentra todo o seu esforço para faturar o máximo possível? É porque existe um plano. Existem valores que as pessoas poderosas dessa cultura estão tentando comunicar. É preferível a máquina sacrificar o dinheiro em troca de conseguir comunicar seus valores. Se as vozes que controlam nossa cultura estão ativamente comunicando valores de destruição, violência e sexualidade, não deveríamos pelo menos ser igualmente ativos na comunicação dos nossos próprios valores?

Um Código Pelo Qual Viver

Quais valores são essenciais para você? É fácil dizer: "Eu só quero que minha família siga o que a Bíblia diz", ou simplesmente citar o fruto do Espírito (ver Gálatas 5:22,23). Frequentemente descobrimos que quando afirmamos que só queremos seguir a Bíblia na íntegra ou uma relação preestabelecida de qualidades, acabamos não praticando *nenhuma das duas coisas.* Acabamos não dando ênfase a nenhuma delas. É mais eficiente elaborar uma lista de três a cinco valores sobre os quais construir o nome, a herança e as práticas da nossa família. Quais são as ações e atitudes que você quer ver refletidas em tudo o que faz? O que você quer que seja o fundamento da sua família?

Identificar a relação dos valores essenciais requer que você e seu cônjuge pensem cuidadosamente nas seguintes perguntas: Que tipo de filhos queremos criar? Quais são as quatro ou cinco características que você gostaria de ver surgir nos lábios das pessoas quando elas falam de sua família? Acima de tudo, o que você deseja incutir em seus filhos e vê-los identificar como o código de valores deles?

Katie e eu elaboramos nossa lista quando nossos filhos eram ainda bem pequenos. Nós pensamos em muitas qualidades ou valores, mas chegamos à conclusão de que a lista era muito longa. A Bíblia fala de como um bom nome é difícil de encontrar; é mais valioso do que prata ou ouro.[2] Fundamentados nesse provérbio, nos perguntamos: "Que significância queremos que tenha a nossa vida e a reputação da nossa família?". Reduzimos a lista a quatro valores, cada um deles respaldado por uma passagem das Escrituras que melhor expressasse cada ideia.

É prática comum no mundo dos negócios que uma empresa, a fim de moldar sua cultura, estabeleça *valores essenciais* e depois reorganize seus empregados em torno desses valores. Essa prática começa a mudar a cultura do mercado de trabalho. Você não pode mudar a cultura só porque quer; é preciso fazer com que as pessoas aceitem e apoiem os valores que estão sendo sugeridos.

Comecei a imaginar se o mesmo conceito poderia funcionar para minha família. Assim, decidimos estabelecer alguns valores. Não dissemos simplesmente: "Estes são os nossos valores". Fizemos com que a família realmente moldasse sua vida em torno deles. Depois de fazer antecipadamente todo o trabalho, pensando cuidadosamente em quais seriam nossos quatro valores e selecionando as passagens bíblicas que melhor representassem o que queríamos ser, decidimos fazer uma grande inauguração dos valores essenciais da família.

Fizemos um grande evento para nossa família — um momento marcante. Cameron tinha cerca de três anos e nossas filhas, Hannah e Charity, tinham apenas oito e nove anos. Nós dissemos a eles: "Daqui a uma semana, teremos uma grande celebração em família. Vai ser algo emocionante que nós nunca fizemos antes". Quando dissemos isso, eles gritaram: "O que é? O que é?". E nós respondemos: "Desculpem, mas não podemos dizer mais nada. Vai ser uma grande surpresa". Todos os dias nós os provocávamos um pouquinho mais. "Vai ser tão bom! Todos nós vamos vestir roupas especiais!". Eles diziam: "É mesmo? Vocês não vão nos dizer o que é?". E nós respondíamos: "Desculpem, não podemos dizer mais nada. Vai ser na sexta-feira à noite, e vai ser ótimo! Nós teremos uma refeição especial. Oh, desculpem. Não podemos contar mais nada". Nós criamos uma grande expectativa nas crianças.

Quando chegou a grande noite, todos nós nos vestimos com esmero e fizemos uma grande refeição juntos. Katie e eu cozinhamos algo realmente caprichado que sabíamos as crianças iriam gostar. Havia uma grande *coisa* misteriosa na sala de visitas, coberta por uma toalha de mesa. Nós acendemos muitas velas para aumentar a atmosfera vibrante. Dissemos: "Nós nos importamos com o nome da nossa família e nos preocupamos em andarmos juntos na mesma direção. Isso é muito importante. *Um bom nome é difícil de achar; é mais valioso do que prata ou ouro.* Nós nos importamos com o caráter da nossa família". Peguei um tijolo e um martelo e — Bum! — quebrei o tijolo diante deles e disse: "Veem este tijolo? Sozinho ele não é muito forte. O que está dentro do tijolo é que o torna forte. O que está dentro da nossa família é o que nos torna fortes — e o que está dentro é o nosso caráter. Esta noite, vamos falar sobre o que fará de nós uma família forte para que possamos juntos construir algo forte. A mamãe e eu estivemos pensando e orando sobre o que nós, como família, queremos significar. Então, eu quero mostrar a vocês os nosso quatro valores essenciais...". E com o ruído característico de pano deslizando, descobrimos nossa obra-prima.

Tínhamos escrito com caligrafia caprichada sobre um pergaminho os quatro valores essenciais, de forma que ficasse similar à Constituição dos Estados Unidos. Como você poderá ver na página seguinte, nele se lê "Caráter da Família Luce".

Nós relacionamos os valores essenciais e explicamos aos nossos filhos o que cada um deles significava: *honra, respeito, honestidade e responsabilidade*. Fizemos com que as crianças lessem cada uma das passagens bíblicas que acompanhava cada valor e pedimos que respondessem o que pensavam que significava viver cada valor.

CARÁTER

Da família Luce

— HONRA —

Cada um saiba controlar o seu próprio corpo de maneira santa e honrosa. 1 Tessalonicenses 4:4

. Caráter . Justiça . Dignidade
. Virtude . Bem . Nobreza
. Honestidade . Reputação elevada .Excelência

— RESPEITO —

Tratem a todos com o devido respeito. 1 Pedro 2:17

. Valorizem a Deus, a si mesmos e aos outros como Deus os valoriza.

. Dar atenção . Cuidar . Estimar .Demonstrar bondade

— HONESTIDADE —

Ensina-me o teu caminho, Senhor, para que eu ande na tua verdade. Salmo 86:11

. Veracidade .Retidão .Integridade

— RESPONSABILIDADE —

Tudo o que fizerem, façam de todo o coração, como para o Senhor, e não para os homens. Colossenses 3:23

. Fidedignidade . Segurança . Ser digno de confiança

Nós, membros da família Luce, nos comprometemos a viver segundo esses valores todos os dias de nossa vida para a Glória de Deus.

Katie Luce
Hannah Luce
Charity Luce
CAMERON

"Você acha que este é um bom fundamento para nossa família?", perguntamos a eles. "Vocês têm alguma outra ideia ou comentário?". Eles compartilharam algumas de suas ideias.

Depois nós dissemos: "Se todos estiverem de acordo, queremos fazer uma aliança juntos declarando que *este* é o tipo de família que nós seremos. Isso não quer dizer que seremos perfeitos, mas é o que nos esforçaremos constantemente para mostrar uns aos outros e às demais pessoas". Cada um de nós assinou o pergaminho. Depois oramos juntos, selando aquele momento. Colocamos o pacto da nossa família em uma moldura e ela está pendurada em nossa casa atualmente. Fizemos cópias para colocar nos quartos de nossos filhos e o gravamos em canecas e camisetas para tornar esses valores essenciais visíveis todos os dias e fáceis de lembrar. (A propósito, eu tinha uma câmera de vídeo colocada em um canto da sala, e assim filmamos a reunião da família).

Como Usar Seus Valores Essenciais

É preciso repassar os valores essenciais muitas vezes. Uma cerimônia inaugural é algo muito bom, mas você precisa falar a respeito desses valores cada vez que confrontar um filho acerca de uma regra ou quando for necessário discipliná-lo. Nessas ocasiões você pode dizer: "A razão para termos esta regra em nossa casa é porque ela está relacionada aos nossos valores essenciais". Katie e eu constantemente relacionávamos o cotidiano aos nossos valores essenciais ao falarmos com nossos filhos. Todas as vezes que disciplinávamos nossos filhos nós lhes explicávamos: "Por causa desse valor essencial é que eu não quero que você minta, e é por isso que eu estou disciplinando você. Se não houver honestidade entre nós, não existirá confiança em nossa família". Quando aplicávamos a disciplina, dizíamos alguma coisa do tipo: "Esses valores essenciais são seus também; nós não concordamos acerca deles?".

Para tornar os valores essenciais significativos, vocês devem ser capazes de confrontarem-se uns aos outros dentro da família, sobre qualquer violação do acordo. Essa é uma área da qual muitos pais não querem ouvir falar! Haverá momentos em que nós, pais, violaremos os valores essenciais. Quando o fizermos, ou confessamos a falta rapidamente aos nossos filhos ou concordamos quando eles nos confrontarem a esse respeito, dizendo: "Você está certo, por favor, perdoe-me". *É muito importante que você não aja como se fosse perfeito.* Se você quiser que seus filhos reajam de forma positiva aos valores essenciais da família quando você os confrontar a esse respeito, você precisa servir de exemplo. No que se refere aos valores essenciais, todos estão no mesmo nível em termos de confrontar um ao outro. É certo que existe uma hierarquia dentro da família, tendo o marido e pai (como o cabeça) e a esposa como aqueles que exercem autoridade sobre os filhos. Mas no que se refere aos valores essenciais, os filhos podem dizer de maneira respeitosa: "Mamãe, papai, isso não é muito sincero...".

Como pais, não podemos ser arrogantes a ponto de jamais admitir estarmos errados. É muito importante explicar aos seus filhos, quando estabelecer seus valores essenciais, que *todos* são responsáveis não apenas por praticá-los, mas também por confrontar qualquer um que se desvie deles. Ensine seus filhos a confrontá-lo respeitosamente se virem você violar os valores essenciais. É muito importante nos esforçarmos o máximo para *vivermos os valores* nós mesmos — não apenas diante dos nossos filhos, mas o tempo todo. Isso se transforma no fundamento para sustentar a confiança e a segurança da família. Isso é quem você é.

Os valores essenciais são os mais fortes e são interiorizados quando os filhos falam a respeito e se confrontam mutuamente sobre viver segundo eles, mesmo quando você não estiver presente. Você sabe que as crianças adotaram os valores quando você as ouve dizer umas às outras coisas do tipo: "Isso não é muito honesto" ou "nós não assistimos esse tipo de coisa".

Os valores essenciais de sua família devem responder ao "por que" de qualquer regra que vocês tenham ou qualquer ação que adotem. Em vez de dizer: "Faça o que eu estou mandando", diga aos seus filhos *por que* você está lhes pedindo para fazer ou não alguma coisa que se relaciona aos seus valores essenciais, os quais foram tirados diretamente da Palavra de Deus.

Ecos de Outros

Na vida dos seus filhos é importante que existam outras pessoas que sustentem os mesmos valores, de modo que as palavras e as ações dessas pessoas se tornem "ecos" das suas palavras. Quando seus filhos virem outras pessoas vivendo segundo os seus valores — tias e tios, pessoas mais jovens do que você ou casais jovens que as crianças achem "legais" — eles serão fortalecidos e motivados a viver da mesma maneira. Não importa quão boa seja a criação que você está dando a seus filhos, eles ficam cansados de ouvir somente você. Mas quando existem outras pessoas ao redor deles com os mesmos valores, elas ecoam seus valores. Elas dizem o que você diz, mas de modo diferente, que desperta entusiasmo e concordância e soa de outra maneira. Seus filhos se sentirão aprovados e saberão que outras famílias vivem da mesma maneira que eles.

Amigos de Aliança

Quando Katie e eu ainda éramos pais muito jovens, outros pais, tremendamente sábios, nos contaram que o maior erro que cometeram foi permitir que seus filhos passassem a noite na casa de outras crianças. Aparentemente, ali tiveram início todos os problemas de seus filhos, que já eram adolescentes e tinham passado por vários outros problemas. Cria um tipo estranho de pressão exercida pelos colegas e uma influência maior sobre seus filhos o fato de se envolverem por toda uma noite com os filhos de outra pessoa, cujos valores você não conhece.

Nós tomamos a decisão de não permitir que nossos filhos passassem a noite na casa de nenhum amigo, enquanto eles eram ainda pequenos. Nós modificamos essa regra um pouquinho, dizendo que eles poderiam passar a noite em casa de *amigos de aliança* — que são pais com os quais nós temos relacionamento e sabemos que estão criando seus filhos com os mesmos valores que os nossos. Sabemos que esses amigos incutiram o mesmo tipo de princípios morais em seus filhos. Sabemos que esses pais estarão supervisionando tanto os nossos filhos quanto os deles.

Às vezes, nossa regra sobre dormir fora dizia que as meninas não poderiam passar a noite com um amigo da vizinhança ou mesmo com seus primos. Nesse caso, a situação fica um pouco difícil, porque não queremos ofender nossos parentes. Entretanto, uma conversa deplorável pode destruir todo o trabalho que você está tentando fazer na vida de seus filhos. Se seus filhos têm apenas oito, nove, dez ou onze anos, imagine o que acontece caso eles troquem ideias e conversem com outras crianças inclinadas à rebeldia, compartilhem ideias sobre sexo ou sejam expostos a algum filme cheio de palavrões ou que contenha conceitos que você não quer que entrem na mente deles. As crianças são pequenas demais para entender, sem falar da possibilidade de escaparem da supervisão de seus pais. Mantivemos essa regra durante todo o tempo em que nossos filhos eram pequenos, e encorajo você a fazer o mesmo.

Falando Sobre Seus Valores em Relação à Mídia

Katie e eu adotamos o hábito de sempre que víamos algo na tevê, em um filme ou no cotidiano que violasse diretamente nossos valores, falávamos sobre isso com nossos filhos. Mesmo que preferíssemos que eles nunca vissem aquilo, existem coisas que você não pode deixar de ver, seja uma propaganda de *lingerie* espalhada em todo o shopping ou um anúncio que surge de repente na tela. Nós tivemos incontáveis conversas com nossos filhos no carro que começavam assim: "O que você entendeu do enredo desse filme? Em sua opinião, o que o filme disse que não está de acordo com a Bíblia? Qual você acha que era a sua verdadeira mensagem?". Eu fazia o mesmo depois de assistir às peças dos teatros da Broadway às quais os tenho levado ao longo dos anos. Sempre lhes perguntávamos o que tinham visto ou ouvido que contrastava com o sistema de valores da nossa família e com os ensinamentos da Bíblia.

Quando assistíamos a um espetáculo que falava sobre alguém ficar apaixonado, nós dizíamos: "O que você achou daquela história de amor? Sabemos que ela é encantadora e interessante, mas e se não estiver de acordo com o que a Bíblia diz sobre o amor? Sabemos que a Bíblia não fala nada sobre 'se apaixonar'. Amar é tomar a decisão de se dedicar e servir a outra pessoa, e sacrificar suas tendências egoístas. Você pode ficar tolamente enamorado, mas esses sentimentos não significam que se trata de um amor verdadeiro, não é? Aquilo é a luxúria inventada por Hollywood". As crianças respondiam: "Sim, completamente".

Se você quer uma oportunidade para obter êxito ao incutir fibra moral em seus jovens, isso vai exigir a tomada de algumas decisões. Eles não a escolherão acidentalmente sem que você diga uma palavra. Assim, para que seus filhos não sejam um quadro em branco onde o mundo escreve seus valores, encha-os com a verdade e ajude-os a crer nos valores extraídos da Bíblia, que proporcionarão a eles melhores chances de ter uma excelente vida. Por favor, observe que não é porque seus filhos dizem que creem em Jesus e frequentam a igreja que automaticamente eles adotaram todos os valores e o estilo de vida da Bíblia. É nossa tarefa como pais (e não a tarefa do pastor ou do líder da juventude) levar nossos filhos a enxergarem as virtudes de nossos valores essenciais e ajudá-los a fazerem deles seus próprios valores.

Capítulo 10

A Mensagem Em Uma Lembrança

Grande parte da cultura de uma família é construída sobre o folclore — um conjunto de narrativas e memórias, algumas verdadeiras, outras falsas; algumas engraçadas, outras sombrias. Mas elas nos tornam quem nós somos e cria uma atmosfera familiar que nos define. Uma das chaves para ativamente formar uma cultura familiar é pensar constantemente: "Que tipo de lembrança, boa ou má, estou criando neste momento?". Não se trata de apenas pensar: "O que estou fazendo neste momento por minha família?" ou "quanto dinheiro estou ganhando para minha família?" ou ainda "o que eu estou dando para a minha família?", mas sim "que tipo de memória estou gravando na mente dos meus filhos?".

Muitos de nós sofremos com a ilusão de que simplesmente ganhar mais dinheiro para dar mais coisas à nossa família é o que a ajudaria. Geralmente terminamos por substituir o processo intensivo de criar lembranças significativas por presentes materiais. E, geralmente, privamo-nos do esforço de criar memórias que custariam quase nada, mas criariam maravilhosos contos familiares e proporcionariam lições éticas importantes para nossos filhos guardarem na mente até o momento em que fossem criar a própria herança familiar para seus filhos.

Más Lembranças

Todos carregam algumas más lembranças da infância ou de eventos mais recentes. Lembranças amargas ou dolorosas podem se tornar parte do fundamento no qual os filhos se espelham pelo resto de sua vida. A pergunta é: De que forma nós, pais, temos desempenhado um papel em momentos que podem permanecer na mente de nossos filhos e contribuir para arruinar uma tenra infância? Teremos nós, inadvertidamente, criado uma atmosfera de desconfiança por parte de nossos filhos em relação a nós? Há um princípio primordial que devemos ter em mente quando se trata de resguardar nossos filhos de más lembranças.

Quando seus filhos fazem algo que o deixa irado (e é inevitável que eles façam isso, porque são jovens e cometerão muitos erros), seja cuidadoso na sua forma de reagir. A reação de um pai à ação de um filho tem a dimensão daquilo que ficou na memória da criança. Se você irromper em uma ira inflamada, a *última coisa* em que a criança vai pensar é naquilo que ela fez, no significado das palavras que você gritou ou em como elas *deveriam* ter reagido. As crianças se lembrarão, porém, daquele olhar furioso em seus olhos, o tom áspero de suas palavras e a humilhação que elas sentiram.

Alguns pais ainda utilizam o recurso de rogar pragas e menosprezar seus filhos, fazendo-os se sentirem estúpidos e imprestáveis. Infelizmente, a vida de algumas crianças é repleta de más lembranças. Elas se lembram de poucas coisas positivas que seus pais disseram ou das escassas experiências valiosas que tiveram. É importante que nós, pais, quando erremos, façamos o máximo ao nosso alcance para endireitar as coisas pedindo perdão. É isso mesmo — eu disse que os pais precisam pedir que seus filhos os perdoem. Muitas crianças nunca ouviram um pai pedir o seu perdão. Mesmo que você realmente estrague tudo e cometa um grande erro, pode mudar toda a lembrança com a sinceridade profunda do seu pedido de desculpas. (É claro que não estou usando isso como licença para cometer grandes erros de propósito.)

Lembro-me de uma ocasião durante uma de nossas férias familiares quando nossas filhas tinham treze e catorze anos e nosso filho tinha sete anos. Nós estávamos em um navio de cruzeiro e as meninas voltaram apressadas para o quarto mais tarde do que disseram que regressariam. Embora elas estivessem somente dez minutos atrasadas, eu exagerei e fiquei muito zangado por causa disso. Minha ira foi motivada pelo fato de que eu estava terrivelmente alarmado. Elas estavam em um cruzeiro e deveriam estar com amigos, mas poderiam estar em qualquer parte. Em pânico, eu estava prestes a começar uma busca por todo o navio. O medo pela segurança delas desencadeou minha ira.

Em seguida, reconheci o desânimo que tinha causado nelas em plenas férias. Eu não tinha verdadeiramente comunicado as intenções do meu coração e a razão pela qual reagi com tanta ira. Sabia que havia o perigo de fazer com que tudo que elas se lembrassem das férias fosse da *noite em que o papai ficou furioso e arruinou nossas férias.* Uma ação drástica se fazia necessária.

Quando toda a família se levantou no dia seguinte, eles não sabiam ao certo se eu ainda estava bravo. Eu havia me levantado mais cedo e tivera um encontro com Deus; senti a repreensão do Espírito Santo em meu coração e comecei a pensar em uma forma de consertar as coisas. Depois que todos se levantaram, pedi que me perdoassem. Eu lhes disse que não havia necessidade de ficar tão irado. Embora não tenha sido certo o que as meninas fizeram, minha reação também foi errada. Eu lhes perguntei se poderíamos começar as férias de novo. Elas disseram que sim. Eu disse: "Quero que vocês esqueçam a noite passada. Eu vou sair por aquela porta, e quando tornar a entrar, vou contar a vocês o que eu realmente estava sentindo no meu coração a noite passada".

Quando voltei, comecei a contar às garotas o quanto eu estava preocupado com elas e o quanto elas eram preciosas para mim. Eu não queria que nada acontecesse com elas. Com lágrimas escorrendo pela minha face, eu me ajoelhei e comecei a abraçá-las, dizendo: "Sou tão grato por vocês estarem a salvo! Por favor, não façam isso comigo novamente!" .

Não preciso dizer que elas me perdoaram. Houve a oportunidade de construir algo positivo, depois que aquela lembrança negativa foi enfraquecida. Quando falamos sobre aquelas férias agora, o incidente da ira nunca vem à tona. Existe definitivamente um meio de resgatar uma interação negativa com seus filhos, se você se lembrar de que não está apenas vivendo a sua vida, mas também criando memórias que se repetirão no coração e na mente para sempre.

Boas Lembranças

Uma das coisas que constantemente me passa pela mente como pai é o cálculo de quantas boas lembranças eu criei este ano, este mês, esta semana para os meus filhos. Essas memórias são o disco rígido a partir do qual eles recordarão a própria vida.

Eu disse em um capítulo anterior que quando minhas filhas tinham um ano de vida, começaram a viajar comigo. Eu viajo e faço preleções quase todos os fins de semana durante o ano escolar, levando os eventos *Acquire the Fire* a algumas localidades com milhares de jovens reunidos em um ginásio. Sempre levei uma das duas comigo desde que completaram um ano.

Nos intervalos entre minhas pregações e ministrações, eu encontrava algo para fazer ou algum lugar aonde ir que tivesse *tudo a ver com elas*, para que não se sentissem como intrusas.

Aqui estão algumas daquelas lembranças, algumas pequenas, outras nem tanto. Mas eu sempre tentei estar ciente delas e ativamente estabelecê-las. Durante minhas viagens ministeriais longe de casa, nós:

- Escapávamos na hora do almoço para ir a um parque de diversões nas proximidades.
- Íamos a museus infantis onde elas pudessem fazer artesanato.
- Íamos jogar minigolfe se chegássemos ao local bem cedo na sexta-feira antes do evento.
- Comíamos uma sobremesa tarde da noite quando voltávamos de um evento noturno.
- Usávamos o serviço de quarto.
- Fazíamos uma caminhada pelas ruas tarde da noite. Quando estávamos em alguma cidade como Nashville, andávamos na

rua ouvindo as bandas tocarem e comprávamos um *milk-shake* ou um café pelo caminho.

Memórias de casa:

- Conversas na piscina tarde da noite. Uma das poucas coisas que queríamos ter desde que as crianças eram pequenas era uma hidromassagem coletiva. Com nossa agenda intensa, esse é um bom lugar para relaxar. Também tem servido como um ótimo lugar para ter um tempo em família enquanto conversamos e rimos ou simplesmente sentamos juntos.
- Katie lia livros de histórias para as crianças. Ela educou nossos filhos em casa até a metade do Ensino Fundamental ou início do Ensino Médio. O banco de memória deles está cheio de ocasiões em que sentavam no colo da mamãe ouvindo os clássicos, uma história após outra, como também os livros que faziam parte do currículo de ensino domiciliar.
- Nós sempre fizemos do ato de colocar as meninas na cama quando pequenas uma coisa muito importante. Quando eu estava em casa, as colocava na cama e lia para elas as *Fábulas de Esopo* (ou o que elas pedissem) e orava por elas. Em determinada altura, as meninas decidiram formar o que chamavam de "desfile para o papai" antes do início da leitura. Sempre havia uma arrumação diferente com os cobertores no chão, dispostos com as bonecas e bichos. Quando eu abria a porta, minhas duas pequenas princesas ali estavam, dançando balé, exibindo exercícios físicos, ginástica e saltos mortais para mim. Então, elas pegavam no meu braço e eu as introduzia pela *passarela* que tinham feito para mim e sentava-me no *trono* construído com os travesseiros e onde ambas se aninhavam ao meu lado para lermos histórias e orar até que elas adormecessem.
- Durante a maior parte do período de crescimento dos nossos filhos, nós tínhamos uma *noite da família* todas as sema-

> nas. Cada membro da família escolhia uma atividade na sua semana: assistir a um filme, comer fora ou um jogo. Nosso desafio era encontrar algo criativo e "fora de casa" que fosse não somente algo divertido, mas que também deixasse uma boa lembrança. Quando nos lembramos dos nossos encontros de família, "a noite do cabelo maluco" foi a melhor delas; nós penteamos os cabelos uns dos outros, deixando-os com uma aparência extravagante e então saímos para jantar. Nós tivemos a noite do pijama, a noite dos anos 1950 e toda a espécie de coisas diferentes. Não é má ideia fazer com que seus filhos escolham o que desejam guardar na lembrança.

Em algumas das lembranças que você produz, seus filhos são um pouco mais perfeccionistas do que você. Lembre-se de que é importante, especialmente quando eles são pequenos, não ir somente aonde você quer. Vá a lugares que deixarão uma ótima lembrança para eles e proporcionarão um maravilhoso tempo em família. Algumas férias são mais "vamos relaxar e não fazer nada"; outras mais movimentadas, do tipo "vamos fazer um monte de coisas divertidas". Você pode desejar férias para sentar-se na praia e ler, mas isso não vai deixar a melhor lembrança em seus filhos. Pode ser divertido no começo, mas eles ficarão entediados depois de um ou dois dias. O que venho tentando fazer é pensar em pequenas coisas que fiquem revirando em suas mentes depois de acabadas as férias. Quando fomos ao Grand Canyon descobri um meio de descermos o rio Colorado em uma viagem de apenas um dia. Mas esse dia da viagem foi a grande lembrança que ficou.

Muitas das memórias que você cria não serão convenientes ou fáceis para você. Talvez não custem muito do seu dinheiro, mas podem custar sono e suor. Veja, por exemplo, as vezes em que fui acampar com meu filho, Cameron. Sempre tentei ser o tipo de pai que diz: "Ei, vamos fazer isso algum dia", e depois realmente agir de acordo com aquela afirmação. Então, quando digo a Cameron: "Vamos acampar antes que fique muito frio", realmente significa que vamos fazer isso. Felizmente, vivemos mais ou menos no campo, o que facilitou quando ele era menor, porque podíamos sair para acampar no nosso quintal e ele ficava feliz.

Lembro-me da viagem para acampar que fizemos no ano passado. Cameron e eu fomos até um lago que fica nas proximidades. Quando chegamos lá, colocamos nossas coisas em um barco e remamos para o lado onde havia uma cachoeira e um penhasco. Saltamos do penhasco na água e nadamos por ali. Mais tarde, voltamos para o barco e remamos atravessando todo o lago. No caminho, apanhamos três enormes trutas. Chegamos do outro lado, armamos nossa barraca e assamos o peixe na fogueira. Depois de passarmos a noite ali, acordamos e fizemos uma longa caminhada — no meio da qual nos perdemos e tivemos algumas aventuras.

Ao voltarmos no dia seguinte, Cameron disse as palavras de ouro que todo pai quer ouvir: "Papai, este foi o melhor acampamento que já fiz. Acho que é um dos melhores momentos da minha vida até agora". Para mim, nada se compara a alegria de estar com meu filho, ouvindo aquelas palavras, criando uma lembrança que vai durar toda a vida.

Lembra-se de quando mencionei as corridas tarde da noite com Charity? Deixe-me contar como isso aconteceu. Charity, minha filha mais nova, transformou-se em uma ótima corredora. Quando ela diz: "Papai, vamos correr", é somente outro jeito de me dizer: "Eu quero passar um tempo com você". Lembro-me de uma noite quando eu tinha acabado de pregar após um longo dia. Acabáramos de encerrar um maravilhoso momento ministerial em nosso campus. A caminho de casa, às onze da noite, Charity disse: "Papai, você não quer ir correr esta noite?". Aquilo era a última coisa que eu tinha em mente e a que eu menos queria fazer. Eu tinha de me levantar cedo no dia seguinte, mas então pensei: *Que grande maneira de criar uma lembrança, indo correr com minha filha às onze horas da noite e voltar conversando durante todo o caminho de volta*. Acabei indo correr. Se eu estava cansado no dia seguinte? Sim! Eu não me lembro do que era tão importante, mas ela ainda se lembra da noite em que fomos correr às onze horas.

Uma das coisas que minha filha me perguntou naquela noite foi se eu estaria interessado em treinar para correr a maratona com ela. Quando ela perguntou, eu não tinha o menor interesse em fazer aquilo. Eu gostaria de fazê-lo em algum momento da minha vida, mas com a correria das minhas viagens, eu não tinha motivação para um treinamento visando uma maratona. Mas quando pensei em quanto tempo eu estaria passando com ela, correndo, conversando, compartilhando a Bíblia juntos — que ótima lembrança não teríamos! Neste último ano, antes que ela saísse de casa para estudar em outra cidade, podemos dizer que treinamos para correr a maratona juntos. Neste momento, enquanto estou escrevendo, estamos começando a treinar.

Como Você Reage às Más Notícias?

É provável que surjam más notícias algumas vezes enquanto você cria seus filhos. A maneira como você reage a elas é decisiva. Às vezes, pais dizem as coisas mais horríveis e chocantes, e não importa o que façam, elas não podem ser recolhidas. As palavras simplesmente ficam se repetindo como um filme, vezes seguidas. Quando minha filha mais velha Hannah se envolveu em um terrível acidente com seu primeiro carro, uma parte de mim estava furiosa. *Por que ela tinha de dirigir tão depressa em uma estrada escorregadia?* Contudo, eu sabia que ela iria se lembrar para sempre da minha primeira reação. Com o que eu me preocupava mais — com ela ou com o carro? Percebi que a forma como eu respondi ao telefone e o que fiz ao chegar ao local poderia afetá-la pelo resto da vida. Eu sempre poderia voltar atrás mais tarde e conversar sobre o ocorrido, mas não poderia jamais substituir aquela primeira lembrança.

As notas tendem a provocar outra grande oportunidade para aprender como reagir às más notícias. Sempre existirão momentos desafiadores no que diz respeito às notas escolares. Pode ser que seu filho esteja indo na direção errada com as notas, e vocês precisem conversar seriamente. Mas e se seu filho tira A em tudo e somente em uma matéria B? Sua reação a esse único B também vai gerar uma lembrança. Se você diz: "O que aconteceu? Por que você não tirou A nessa matéria?" ou "por que você tirou um B?", em lugar de dizer primeiramente "que bom trabalho você fez!", seu filho pode pensar: *Nunca consigo fazer o suficiente para agradar minha mãe (ou meu pai).* Mesmo que haja algumas notas baixas que precisem ser discutidas, essa é uma oportunidade para conversar sobre as boas notas antes de examinar minuciosamente a outra questão.

Lembranças dos Ritos de Passagem

Quando Hannah completou treze anos, nós fizemos um importante ato para introduzi-la nesse período tão especial da vida. Nós queríamos que seus anos de adolescência fossem empolgantes, cheios de vida e memoráveis, não apenas o enfrentamento de um monte de experiências estressantes e desagradáveis. Todos os anos fazíamos algo especial e sugestivo para celebrar. Depois, nossa segunda filha recebeu o mesmo presente ao completar treze anos.

Completar treze anos foi um "rito de passagem" especial para nossas filhas. Acabamos de celebrar o décimo terceiro aniversário de Cameron. Para ele, o momento especial foi um pouco diferente por ser menino. As meninas tiveram um encontro de fim de semana para brincar e se divertir. Mas também falamos sobre algumas coisas sérias e as presenteamos com um anel de pureza (um anel que significa uma promessa de abstinência sexual até o matrimônio).

Gastamos vários meses na preparação do aniversário de Cameron. Seis meses antes do seu décimo terceiro aniversário, eu lhe disse durante um estudo bíblico que começaria a guiá-lo por um caminho que o levaria à maioridade. Desse dia em diante, nos encontramos uma vez por semana para o café da manhã. Ele começou a memorizar versículos bíblicos e as definições do que é ser homem, inclusive os diferentes ingredientes que formam um verdadeiro homem. Eu lhe dei presentes simbólicos, como bandeiras e placas de identificação para que ele pudesse relembrar facilmente o que estava aprendendo.

Quando realmente chegou o aniversário de Cameron, fizemos algo magnífico que acreditamos que ele jamais esquecerá. Uma coisa que fizemos foi presenteá-lo com uma réplica da espada Coração Valente, com um *slogan* criado em latim e inscrito nela: *semper deo habitato*, que quer dizer: "sempre para Deus irei viver". Nós ainda fizemos uma memorável fogueira na floresta naquela noite, quando diversos homens a quem ele considera e em quem confia deram a ele presentes simbólicos do que significa ser um homem. Ele também foi levado para comer o maior filé que já tinha visto.

Nós decidimos que queríamos marcar cada ano da adolescência dos nossos filhos com uma lembrança fantástica. Aos catorze anos, nossas filhas voaram para passar o fim de semana com a avó. Aos quinze, cada uma delas fez uma viagem especial com a mãe. Aos dezesseis, cada uma pôde escolher o lugar dos Estados Unidos onde gostaria de passar um fim de semana. Ambas decidiram levar uma amiga à cidade de Nova York. (É muito bom para mim, que viajo muito, acumular todas aquelas milhas!). Quando ambas completaram dezessete anos, nós lhes oferecemos uma farra de compras (com limites). A cada ano, elas se lembram de mais do que uma festa — lembram-se da herança que lhes demos. Algumas vezes, criar uma lembrança exigiu guardar dinheiro para fazê-la acontecer; outras, não foi preciso gastar nenhum centavo.

Com Cameron, tentei criar diferentes tipos de lembranças. Fazemos motocross juntos. Vamos caçar. Vamos acampar e pescar. Algumas das nossas lembranças são sobre nos perdermos na floresta quando íamos acampar. Essas lembranças não custam nada; mas todas as conversas, diversão e frustrações que tivemos não têm preço. Também temos lembranças de nos perdermos fazendo motocross e das tentativas para tirar a moto de uma vala, debaixo de chuva. Evidentemente, passar tempo juntos proporciona muitas lições de vida e momentos de aprendizado.

Eu o incentivo a fazer uma lista das coisas que você gostaria de fazer junto com sua família a fim de criar algumas boas lembranças. Faça uma lista do que vocês farão como família, de modo que todos possam rir e passar um tempo divertido. Depois, faça uma lista das maneiras pelas quais possam ser criadas lembranças individuais com cada um dos seus filhos. Planeje fazer coisas dessa lista neste ano, neste mês e até mesmo nesta semana. Pense sobre o que pode estar ocupando o banco de memórias deles neste momento. Depois, sonhe um pouco a fim de poder preenchê-lo com uma biblioteca de grandes lembranças.

Em cada momento há uma mensagem, boa ou má. Recentemente, enquanto estava em Nova York me preparando para um grande evento, tive a oportunidade de conhecer Sean Hannity (do programa *Hannity and Colmes,* da Fox News); Charity estava comigo. Após alguns minutos, Sean perguntou: "Por que vocês não vêm ao programa esta noite? Vamos falar sobre o comportamento adolescente". Ele acabou fazendo com que eu debatesse ao vivo com uma mulher durante quarenta e cinco minutos. Ele pediu que Charity também falasse, permitindo que ela compartilhasse aquele momento comigo. No fim da entrevista, Sean disse: "Por que vocês não vêm ao estúdio de tevê esta noite? Franklin Grahan e Rick Warren estarão lá". Eu olhei para Charity e depois para Sean e disse: "Eu já tenho um compromisso esta noite; Charity e eu vamos a um espetáculo". Ele disse: "Tudo bem, não tem problema".

Mais tarde naquela noite, enquanto Charity e eu caminhávamos pela rua, pensei: *Puxa, eu poderia ter ido e encontrado aqueles dois líderes novamente.* Eu poderia ter aprofundado o relacionamento com Sean Hannity. Depois, pensei: *Na melhor das hipóteses, o que isso teria produzido?* Talvez um novo encontro com aqueles líderes e uma nova aparição no programa de Sean. E mesmo que isso acontecesse, agora já seria uma lembrança distante. Mas se eu tivesse dito sim, estaria transmitindo a Charity a mensagem de que aceitar o convite de Sean era mais importante do que o compromisso que eu tinha com ela. Naquele momento, tive a oportunidade de plantar uma má lembrança duradoura ou uma lembrança que dissesse a ela: "Você é mais importante do que todos os líderes notáveis com quem eu poderia estar".

Esse tipo de lembrança é o que faz nossos filhos se sentirem seguros e abrir seu coração para nós. Essas escolhas fazem com que eles se sintam valorizados, o que por sua vez aumenta a flexibilidade deles quando tentamos moldá-los e colocar neles os nossos valores. Em cada lembrança há uma mensagem. Assegure-se de que as lembranças que você deixa em seus filhos contenham o tipo correto de mensagem.

Capítulo 11

Casamento Forte = Filhos Seguros

Muito já foi dito e escrito acerca do valor de um casamento forte. Minha esposa e eu temos lido muitos livros sobre o assunto de autores como James Dobson, Bill Hybels, Gary Smalley e Dennis Rainey, e temos usado a sabedoria deles para edificar e fortalecer nosso casamento. Não irei sequer tentar repetir esses princípios de relacionamento aqui.

O argumento que quero estabelecer neste capítulo é: se realmente quisermos ter a chance de criar uma cultura em nossos lares que seja mais forte do que a cultura do mundo, precisamos dar atenção à saúde do nosso relacionamento matrimonial. *A cultura de um lar é fruto do relacionamento entre marido e esposa* (para os filhos, entre papai e mamãe). Você não pode fazer de conta que somente amar seus filhos e ser dedicado a eles é o que cria uma cultura. Na verdade, é o seu relacionamento com seu cônjuge que proporciona estabilidade, segurança e integridade no lar.

Com tantos divórcios acontecendo em nossa cultura, não é raro que os jovens, até mesmo nossos filhos, fiquem imaginando se a separação não irá atacar seus lares. Mamãe e papai sempre estarão juntos? Essa ansiedade está gerando insegurança nos filhos. Se brigas e desentendimentos acontecem, ou se a palavra *divórcio* é sempre usada em discussões ou ataques de ira, isso somente perpetua esse receio. A segurança de que toda criança precisa não é gerada apenas por se dizer: "Sua mãe e eu jamais nos divorciaremos". A integridade de um relacionamento romântico e amistoso (demonstrando que vocês se apreciam e amam um ao outro) faz seus filhos se sentirem protegidos e lhes dá a confiança de que seu lar permanecerá estável e seguro.

É evidente que um filho precisa de *ambos* os pais para ter uma criação saudável. Eu sei que existem muitas famílias com apenas um dos pais trabalhando valentemente para fazer com que tudo corra bem, apesar da situação desfavorável em que estão. Os dados sobre o quanto meninos e meninas pequenos necessitam ter o papai por perto são irrefutáveis.[1] É preciso haver um homem *e* uma mulher para dirigir uma família.

- Setenta e um por cento das adolescentes grávidas têm pais ausentes.
- Noventa por cento das crianças desamparadas e que fogem de casa vêm de famílias sem pai.
- Oitenta e cinco por cento das crianças que exibem desordens comportamentais vêm de famílias sem pai.
- Setenta e um por cento dos estudantes que abandonam os estudos são oriundos de lares sem pai.[2]

Passos Para Um Relacionamento Saudável

Na seção a seguir, eu lhe darei algumas informações relevantes que Katie e eu descobrimos serem fundamentais para o sucesso em nosso lar.

Passem Tempo Juntos

Depois que acaba a novidade de um relacionamento matrimonial, é fácil não dar valor à conversação entre o casal. Vocês deixam de buscar um ao outro para conversar; concentram o foco na criação dos filhos e em toda a atividade que isso envolve — convencê-los a fazer a lição de casa, levá-los para praticar esportes, jogos e outras aulas e atividades. Realmente não sobra espaço para o outro. Entretanto, maridos e esposas precisam dar prioridade ao relacionamento de modo a encontrarem tempo um para o outro.

Uma das coisas que Katie e eu temos feito durante anos é ter uma noite de encontro semanal. Também aprendemos bem cedo em nosso relacionamento a termos um "tempo no sofá" todos os dias. Depois que eu chegava em casa e dizia olá, e demonstrava amor aos nossos filhos, Katie e eu nos sentávamos e falávamos sobre como tinha sido o dia e coisas assim. Os filhos nos viam passar tempo um com o outro, mesmo quando queriam nossa atenção. Eles viam que nós dávamos a máxima prioridade para o relacionamento um com o outro.

É importante que as crianças saibam que não são o centro do universo familiar (o que é uma ideia romantizada da criação de filhos), para que elas não controlem o seu mundo, levando-o a fazer tudo o que querem. *O quê? Meu cônjuge é mais importante do que os meus filhos?* Isso pode soar áspero e insensível, mas o fato é que os filhos sentem-se seguros quando veem que mamãe e papai formam uma equipe, amando e dedicando-se um ao outro. As crianças sentem-se bem sendo a prioridade número dois.

Demonstrem Ter a Mesma Opinião Diante dos Filhos

Existem muitas decisões sobre as quais vocês dois discordarão. Katie e eu tomamos a decisão antecipada de, quando tivéssemos filhos, nunca discordarmos diante deles. Pela perspectiva dos nossos filhos, nós sempre estávamos em concordância um com o outro. Se precisássemos conversar sobre algum assunto, fazíamos isso longe das crianças.

A unidade diante das crianças torna quase impossível para elas jogar o pai contra a mãe. Se uma criança sabe que a mãe concorda com uma decisão, mas o pai não, ela pode explorar a situação. O compromisso de mostrar unidade também nos permite resolver as questões com privacidade, especialmente quando são necessários diálogos sérios e difíceis. Jamais verbalize discordância diante de seus filhos. Mesmo que você seja a pessoa que cede e as coisas não sejam feitas do seu jeito, ainda assim você ganha, porque como equipe ambos decidem seguir a mesma direção.

Defendam-se e Apoiem-se Mutuamente

Katie e eu assumimos o compromisso de sempre sermos o melhor advogado um do outro. Se meus filhos estivessem falando de alguma coisa que não gostaram sobre sua mãe, mesmo que concordasse com o que diziam, eu a defendia. Eu dizia algo assim: "Eu sei que ela tem sabedoria e Deus a deu a vocês; portanto, nós vamos respeitá-la". Nós sempre fizemos com que o outro tivesse uma boa imagem diante dos nossos filhos.

Alguns pais pouco generosos cedem à tentação para serem mais queridos. Mesmo quando não alimentam as murmurações de seus filhos, não contestam as palavras depreciativas sobre o outro cônjuge saídas da boca de seus adolescentes. Não há nenhuma vantagem no fato de uma criança sentir que um de vocês é o seu favorito.

Mesmo em uma situação de divórcio, com os filhos indo e vindo das casas de seus pais, não há nenhuma vantagem em fazer com que o ex-cônjuge fique mal aos olhos deles. Aquela pessoa ajudou a trazer seus filhos ao mundo. É responsabilidade sua fazer o pai (ou mãe) de seus filhos ter uma imagem o mais benéfica possível em meio a uma situação já bastante difícil. Fazer com que você pareça ser a parte melhor, somente beneficia a você mesmo e não a seus filhos.

Faça Mais do Que Suportar Seu Cônjuge

Algumas pessoas cederam à ilusão de pensar assim: *Eu vou simplesmente tolerar o meu cônjuge. Realmente não gosto dele, mas porque amo meus filhos, vamos ficar juntos.* Embora isso soe como algo nobre, se você realmente amasse seus filhos, amaria também seu cônjuge. Você tentaria resolver os problemas e seria humilde, a fim de que vocês se ouvissem mutuamente e permitissem que Deus os ajudasse a reconquistar o coração um do outro.

A melhor coisa que você pode fazer por seus filhos é amar seu cônjuge de todo o coração. Seus filhos podem sentir quando existe um amor saudável, ardente e dedicado no lar. Você pode dizer que estão juntos por causa das crianças, mas, na verdade, essa é a receita certa para o desastre. Todos os dias ocorrem histórias de pais cujo divórcio, depois de seus filhos terem feito dezoito, dezenove, vinte ou vinte e cinco anos, destruiu a vida desses jovens, porque eles tiveram consciência da ilusão que foi sua vida familiar durante todos aqueles anos. Não resista simplesmente por amor aos filhos; trate das questões reais e busque aconselhamento se necessário. Peça a Deus para inclinar o coração de vocês um para o outro novamente.

Entrem em Concordância Quanto aos Hábitos Na Criação dos Filhos

Antes que Katie e eu tivéssemos filhos, lemos livros que falavam sobre a educação de crianças. Nós dois vínhamos de lares onde ocorrera divórcio e não tínhamos os melhores critérios para criar filhos. Procuramos pessoas que fossem mais experientes do que nós. E havia muitas ao nosso redor.

Antes que você tenha filhos, desenvolva uma filosofia para a criação com a qual ambos concordem. Ela precisa incluir a questão da disciplina — decidir quando um comportamento acarreta consequências e por quê. Esse é um dos motivos pelos quais é importante a presença de ambos os pais na família. Quando estiver decidindo como criar, como disciplinar e quais valores quer incutir em seus filhos, saiba que haverá ocasiões em que um de vocês ficará totalmente exasperado. Seu filho envolveu você em uma teia com a sua lógica infantil e você se sente impotente e frustrado. É nesse momento que seu cônjuge pode intervir e ajudar a trazer bom senso para a situação. Ele (ou ela) pode representar uma tábua de salvação para você. Vocês são o refúgio um do outro, para que possam liderar a partir de uma posição fortalecida. Quem quer que tenha sido apanhado na teia, na melhor das hipóteses, estava usando viseiras. O outro oferece uma perspectiva diferente. Juntos vocês podem tomar decisões com confiança, seguir em frente e resolver a questão com seu filho.

Autoridade Moral Para Guiar Sua Família

A forma como você conduz o relacionamento com seu cônjuge acrescenta ou diminui sua autoridade moral junto à sua família. Quando você olha para seus filhos e diz: "Esta é a maneira como eu quero que nós vivamos", esse padrão se reflete em sua vida? Os seus filhos veem isso ser vivido em seu relacionamento com seu cônjuge? Eles veem esse padrão refletido em você como indivíduo? Se vocês gritam ou praguejam um com o outro, por que seus filhos deveriam permitir que vocês dessem ordens a eles? Vocês querem moldá-los com bons valores, orientar sua conduta e comunicar sabedoria; no entanto, eles veem problemas no seu modo de viver. Por que eles iriam querer abraçar os valores que vocês estão adotando? Todos nós provavelmente diríamos: "Faça como eu digo, e não como eu faço". Mas isso é exatamente o que Jesus disse acerca dos fariseus. A verdade é que os filhos olham para nós e fazem o que fazemos muito mais do que aquilo que dizemos. Como diz o ditado: "Um exemplo vale mais do que mil palavras".

E se vocês vêm de um divórcio e têm uma família reconstituída? Como você disciplina os filhos do primeiro casamento do seu cônjuge? Como você garante que está havendo sabedoria entre o pai (ou a mãe) biológico e o enteado? Se você está lutando com essas questões, eu o encorajo a ler um dos livros relacionados aqui:

- *Blended Families: Creating Harmony as You Build a New Home Life* (Famílias Reconstituídas: Criando Harmonia Para Construir Uma Nova Vida no Lar), de Maxine Marsolini
- *The Smart Step-Family* (A Família Reconstituída Inteligente), de Ron L. Deal
- *Winning The Heart Of Your Stepchild* (Conquistando o Coração do Seu Enteado), do Dr. Bob Barnes

O pai (ou a mãe) biológico é quem precisa aplicar a maior parte da disciplina em sua criança em uma família reconstituída. Você jamais deve desejar colocar o enteado em uma posição onde ele (ou ela) possa dizer: "Você não é o meu pai (ou a mãe) verdadeiro; você não pode falar assim comigo". Na verdade, se existe um padrasto, a maior parte da disciplina deve ser aplicada pela mãe. Ainda que as Escrituras digam que o homem é a cabeça do lar, vocês vivem uma situação diferente. O padrasto pode apoiar a mãe, mas para evitar dividir ainda mais a família e viver no pior dos mundos, o pai (ou a mãe) biológico é quem deve sempre disciplinar e corrigir o filho.

Uma última palavra de encorajamento aos maridos: quando seus filhos veem que você ama sua esposa e a procura para conversar, isso proporciona a eles um exemplo de como deve ser um amor saudável. Assim, eles notarão a diferença óbvia entre o que observam em vocês e aquilo que o mundo chama de amor. Suas meninas verão como deve ser um amor romântico saudável, e assim não serão enganadas e seduzidas por garotos dizendo que elas são bonitas e que as amam, com a finalidade de usá-las. Existem inúmeras coisas impalpáveis geradas por um casamento forte. Ele cria segurança no coração dos jovens e os ajuda a tomar decisões, não por medo, mas em resposta ao exemplo que seus pais representam de um romance saudável e próspero, o que os leva a desejar ter o mesmo.

Criar filhos efetivamente envolve muito treinamento, aconselhamento, repreensão e correção. Se enquanto você tenta disciplinar seu filho também está constantemente lidando com a batalha existente entre você e seu cônjuge, não vai conseguir nem de longe a mesma eficiência que poderia alcançar em moldar seus jovens. Grande parte do que disser não será levado em consideração por não se alinhar com o seu modo de vida. Um relacionamento matrimonial sólido e próspero constrói uma cultura de confiança e segurança, permitindo que você comunique seus valores a seus filhos. Assim, eles receberão o seu ensinamento, por verem os benefícios no casamento dos pais.

Capítulo 12

Nada Substitui a Dedicação Individual

Em meu ministério, tenho sempre mais itens na minha lista de coisas a fazer do que provavelmente poderia dar conta. Assim, quando comecei a viajar e minhas filhas eram ainda pequenas, sempre levava uma delas comigo.

Meu conceito inicial de como ser pai viajando com uma criança consistia em mantê-la ocupada com alguns brinquedos, dar-lhe mamadeira quando estivesse com fome, trocar suas fraldas quando preciso e concluir muitas tarefas enquanto estávamos no avião. Contanto que eu pudesse mantê-la ocupada e sem chorar, conseguia realizar várias tarefas. Claro que eu também brincava com minha filha, mas eu sempre mantinha um olho e a maior parte da minha atenção em todo o trabalho que ainda tinha por fazer.

Esse plano de viagem mudou quando minhas filhas completaram dois anos. Em determinado momento, enquanto eu segurava minha filha, conversava com ela e a balançava ao mesmo tempo em que lia emails ou qualquer outra coisa, ela começou a conversar comigo na linguagem típica dos bebês, tentando se comunicar. A partir daí, preencher o seu tempo já não era o bastante. Ela queria ter uma "conversa" comigo.

Em determinado momento, entre seus dois e três anos, lembro que minhas filhas agarravam o meu rosto e o viravam em direção a elas quando eu fingia manter uma conversa enquanto trabalhava. A primeira vez que isso aconteceu, fiquei tentado a continuar lendo e fazer com que ela ficasse ocupada. Mas em meu coração senti a repreensão. Seria eu um pai segundo a letra da lei e não segundo o espírito da lei? Certamente eu estava tentando ser um bom pai levando minha filha comigo. Eu mudava fraldas e fazia todo o trabalho de um pai viajando com uma criança, mas não estava realmente agindo segundo o espírito da lei e me envolvendo no que fazia. Pensei: *Que trágico seria para mim criar minhas crianças viajando ao meu lado mas sem nunca ter uma interação individual comigo!* Supostamente, era esse o motivo para levá-las comigo.

Nada substitui o tempo passado com seus filhos, de forma individual, regularmente. É fácil pensar: *Eu simplesmente posso levar a família toda para sair.* Férias e jantares em família são ótimos. Brincar em família é ótimo. Mas cada pessoa tem seus próprios desafios, frustrações e inseguranças. Quando você se envolve e conversa com eles individualmente, está otimizando a oportunidade de realmente abordar o coração do seu filho em um nível mais profundo.

Estar com um grupo de pessoas que você chama de família o tempo todo pode ser difícil. Mesmo que seja família, ninguém obtém atenção individual suficiente. Um pai gasta em média somente 6,5 horas do seu tempo com os filhos por semana, enquanto as mães gastam 12,9 horas![1] Os filhos são diferentes entre si, e precisamos dar atenção individual a eles.

Como já mencionei, seus filhos desejarão fazer diferentes coisas quando estiverem a sós com você, portanto faça uma relação do que cada criança gosta de fazer quando estão sozinhos com mamãe e papai. Talvez seja fazer compras, tomar um café ou chá fora, tocar música ou sair para caminhar juntos. Realmente não existe substituto para esses momentos individuais. Quando vocês passam um tempo juntos, você pode compartilhar o que está em seu coração e o que realmente se passa com você. Quando você fizer isso, seu filho passará a abrir o próprio coração. Haverá um sentimento de reciprocidade. Você se abre, e então ele sente que está tudo bem e que pode ficar igualmente vulnerável.

Eu o incentivo a iniciar esses momentos com cada filho individualmente quando seus filhos ainda são bem pequenos — aos três ou quatro anos. Pai, nunca vá a lugar nenhum sem um dos seus filhos com você. Isso inclui até mesmo idas à loja de ferragens. Esse é um momento que você poderia passar sozinho, mas leve um de seus filhos e converse sobre coisas simples, porém importantes.

A desculpa comum de um pai é: "Eu simplesmente não tenho tempo para gastar com um por um". Minha resposta a isso é: "Você tem tempo para fazer terapia?" Você tem tempo para levar seus filhos todas as semanas para ver alguém que possa ajudá-los e conversar com eles sobre problemas? Muitos dos problemas "comuns" da vida podem ser resolvidos por pessoas confiáveis que ouvem e avaliam novas ideias e você quer estar seguro de ser essa pessoa para o seu filho.

Um estudo que li quando estava fazendo mestrado em aconselhamento/psicologia comparava um rabino, um sacerdote, um psicólogo e um amigo (eu sei que isso soa como uma piada) quanto à eficiência em ajudar uma pessoa a falar sobre um problema. Qual é a diferença, em termos de eficiência entre a pessoa procurar um profissional como um rabino, sacerdote ou psicólogo em busca de ajuda e conversar com alguém que seja realmente um bom amigo? O estudo descobriu que, na verdade, *não existe diferença.* Pense no significado disso — um amigo é tão bom para ajudar uma pessoa com seu problema quanto um psicólogo treinado com uma pós-graduação.[2]

O que as pessoas precisam é de um amigo — alguém com quem dividir o que está no seu coração. Todos nós temos a necessidade de abrir o coração, mas tendemos a fazer isso somente no relacionamento um a um. Quando as pessoas vão ao psiquiatra estão, na verdade, pagando para alguém fazer aquilo que um pai, amigo ou cônjuge poderia fazer.

Quando nos acostumamos a ter encontros regulares com nossos filhos individualmente, isso nem sempre precisa ser profundo. Porém você deve agir para criar um ambiente em que eles sintam que desejam compartilhar o que lhes vai ao coração. Se você não estabelecer esse ambiente, esse compartilhamento não irá ocorrer. Isso é reciprocidade. Você os ouve e eles desejarão ouvi-lo. Você abre o coração e eles abrirão o deles.

Ouça o que está no coração de seu filho, mesmo que ele fale durante muito tempo. Seja cuidadoso em guardar-se da tentação de intervir e corrigir, ensinar ou resolver tudo. Deixe seu filho falar! Sua maior necessidade é ser capaz de colocar tudo para fora. Ele pode não desejar uma resposta lógica, mas simplesmente querer que você o ouça. Se você esperar para dar conselhos, pode até mesmo deixar passar um tempo e voltar ao assunto com melhores ideias para compartilhar do que se tivesse tentado resolver o problema imediatamente.

Como pais, nós queremos e precisamos ser o *centro relacional da vida de nossos filhos.*[1] Não queremos que eles compartilhem o que está em seu coração com amigos, em um blog ou com uma gangue. O único modo de nos tornamos a pessoa a quem eles buscarão será criarmos muitos momentos de relacionamentos pessoal e individual. Se, de início, seus filhos não se sentirem confortáveis com esse relacionamento individual, pense em coisas divertidas e em aventuras para estarem juntos. Eles em breve começarão a ansiar por esses momentos juntos. Eu garanto que eles se aproximarão. Gaste um pouco de dinheiro, porém mais do que isso, gaste tempo em atividades com cada um de seus filhos. Eles se beneficiarão por terem a forma como se ligam a você como centro relacional de sua vida, e não outra pessoa.

Você pode dizer: "Tudo bem, Ron, mas e quanto aos adolescentes céticos que usam roupas góticas e adoram Satanás? Como entrar em acordo com esses jovens?". Bem, recentemente tive a oportunidade de fazer isso quando os pais enviaram um deles durante o verão para que eu o "endireitasse". Eles estavam exasperados, tendo feito "tudo quanto podiam" para entrar em acordo com o filho. No primeiro dia, eu o levei para tomar o café da manhã em um restaurante; ele me disse que adorava Satanás e sabia que eu tentaria aproximá-lo de Deus; ele estava me informando que isso nunca iria acontecer. Eu não demonstrei ficar chocado nem tentei lhe enfiar Jesus goela abaixo. Simplesmente disse: "Ei, você gosta de motocross?".

Seu rosto se iluminou. Poucos dias mais tarde fomos andar a cavalo. Saímos para almoçar várias vezes. Fomos andar de jet-sky juntos e rimos, brincamos e conversamos um pouco. Pouco a pouco ele começou a se abrir e falar sobre sua vida, sua família e seus sentimentos. Eu o levei comigo em viagens fora da cidade (como faço com meus próprios filhos). Ele compartilhou um pouco mais. Antes que terminasse o verão, ele tinha entregado sua vida a Jesus, renunciado a Satanás, estava lendo a Bíblia como um louco e tinha perdão no coração para com seus pais. Tudo o que isso exigiu foi tempo e amor.

Pais que dizem "Fiz tudo o que podia", deveriam repensar sua afirmação. Esses pais queriam que eu "endireitasse" o filho. Tudo o que fiz foi o que eles deveriam ter feito o tempo todo: passar tempo a sós com ele. Talvez você tenha feito tudo, menos aquilo de que seu filho mais precisa: tempo a sós com você.

Capítulo 13

Seus Filhos Devem Estar Acima de Sua Carreira e de Seu Ministério

Toda a família estava desfrutando o primeiro dia da nossa "fugida" de uma semana para a Flórida. As crianças estavam excitadas com toda a diversão que teríamos indo à praia e visitando a Disney World. No meio do saguão do hotel, recebi um telefonema de uma pessoa me convidando para ir a um encontro especial com o presidente dos Estados Unidos, George W. Bush. Enquanto ouvia o telefonema, eu estava olhando para a minha família no saguão, animada por tudo o que tínhamos planejado fazer. Eu disse à pessoa que estava na Flórida, em férias com minha família. Ele disse: "Mas Ron, é um encontro de duas horas com o presidente dos Estados Unidos". Eu disse: "Sei disso, mas estou de férias com minha família". Ele repetiu sua última frase. Após alguns minutos de conversa, aquele cavalheiro gentil percebeu que nada poderia me dissuadir de passar aquele tempo com minha família, nem mesmo um encontro com o presidente.

Enquanto ouvia o que ele estava falando, revolvia em minha mente a lembrança que meus filhos teriam e a mensagem que eu estaria enviando a eles, caso tivesse cedido ao desejo de ir ao encontro com o presidente. Certamente minha família teria me perdoado.

Katie teria dito: "Claro, querido, pode ir". Poderia haver ou não outra oportunidade para conhecer o presidente, mas jamais haveria outra oportunidade para criar meus filhos. Talvez eles nunca tivessem outra chance de ter férias iguais. E eu tinha a chance de deixar uma marca indelével em sua mente sobre o valor que atribuo a eles.

Não importa quantos discursos eu fizesse ou quantas vezes dissesse "amo vocês" — nada poderia fazer as crianças se sentirem tão valorizadas quanto no momento em que minha esposa lhes contou que eu preferi passar meu tempo com elas a conhecer o presidente.

Todos nós somos pessoas ocupadas. Quer você tenha uma carreira, esteja envolvido com um ministério ou tenha o desejo de alcançar êxito em algum tipo de empreendimento, sempre existirão outras coisas para fazer que o manterão afastado de seus filhos. Você precisa decidir *antecipadamente* que seu cônjuge e seus filhos são mais importantes para você do que sua carreira e/ou ministério. Ponto! Quando você tomar essa decisão, muitas outras decisões ficarão claras em sua mente, inclusive onde gastar seu tempo e investir seu amor. Quando as "oportunidades" surgirem, suas prioridades já estarão estabelecidas. Você pode pensar: *Serei promovido se eu fizer uma apresentação realmente boa e trabalhar durante o fim de semana.* Mas você também sabe que será o primeiro jogo de futebol do seu filho. Sempre haverá outra oportunidade para conseguir uma promoção, mas jamais haverá outro primeiro jogo de futebol. Se você exerce um ministério, sempre haverá outra oportunidade para aparecer na tevê ou pregar em uma grande igreja, mas você jamais terá a chance de criar seus filhos novamente.

Precisamos tomar cuidado para que o nosso desejo de alcançar sucesso nos negócios ou no ministério não sirva de justificativa para a negligência ou omissão em relação aos preciosos jovens que Deus nos deu para criar.

Esteja Presente!

Você precisa decidir que existem certas coisas que você simplesmente não vai perder:

- Você não vai perder aniversários.
- Você não vai perder apresentações teatrais.
- Você não vai perder jogos. Se um filho tiver trinta jogos em uma temporada, tudo bem se você perder alguns. Mas não seja um pai ou uma mãe ausente.
- Você não vai perder ou deixar de comemorar seu aniversário de casamento.

Posso pensar em várias oportunidades que surgiram ao mesmo tempo em que havia um aniversário ou uma comemoração em família. Era como se aquela oportunidade jamais fosse surgir novamente, mas eu já tinha tomado uma decisão acerca do que eu não iria perder, para o bem da minha família. Eu nem mesmo menciono muitas dessas oportunidades para minha família, porque isso poderia facilmente fazê-los se sentirem mal (eles não querem estragar a carreira do papai). E tenho evitado prometer "eu vou compensar isto depois". Existem coisas que você simplesmente não pode compensar. Você faz uma afirmação muito mais vigorosa simplesmente assegurando-se de estar presente com a sua família.

Você não precisa ser um pai perfeito. Se você apenas estiver *presente* e tiver um relacionamento verdadeiro com seus filhos, isso compensará muitas coisas que podem não ser tão perfeitas assim. Sempre haverá outra grande oportunidade, outro contrato para fechar, outra promoção para conquistar; mas você só tem uma chance para criar seus filhos. Eles se lembrarão de onde você gastou o seu tempo. Eles lembrarão se você fez sacrifícios por sua família.

Mas Eu Pretendia Estar Lá...

Famosas palavras de um pai com boas intenções. "Eu pretendia assistir ao seu jogo... Eu pretendia ir ao seu recital... Eu pretendia ir à sua reunião de pais e mestres...". Essas palavras deveriam consolar um jovem que vê todos os outros pais, exceto o dele, presentes em um evento? Dizemos com facilidade as palavras: "Eu realmente *queria* estar presente". Pense nisso por um segundo. Você REALMENTE queria estar presente? Tudo o quanto realmente queremos fazer, nós fazemos. Quando dizemos a nossos filhos que realmente queríamos estar presentes, mas não conseguimos, o que estamos dizendo a eles é que havia outro lugar onde queríamos estar ainda mais, e esse é o motivo porque estávamos lá. Tudo o que passa na mente de uma criança é que, se você realmente quisesse, estaria presente. Existem apenas umas poucas ocasiões em que a ausência em um evento dos filhos é inevitável, quando a ausência é justificada por uma emergência. Quando dizemos que "realmente queríamos estar presente, mas..." estamos enviando a mensagem: não queríamos estar presentes tanto quanto queremos nossa carreira ou nosso ministério.

Decida Antecipadamente

Decida por antecipação que você dará prioridade máxima ao seu cônjuge e aos seus filhos. Isso significa que não pode haver nenhuma exceção a esta regra? É claro que não; mas eu até fico indeciso para dizer isso. Muitas famílias vivem assumindo um compromisso atrás do outro. Elas estabelecem uma regra ou tomam uma decisão apenas para depois as violarem pelo resto da vida.

Se você toma essa decisão antecipadamente, não fica tão difícil digerir a perda de uma oportunidade que atravesse seu caminho. Eu não tive outra chance para encontrar o presidente Bush, mas tive a chance de encontrar-me com minha família. Vivi de acordo com os meus valores. Meus filhos me amam e eu os amo. Eu tinha decidido que tipo de casamento e de família queria ter, e todas as outras coisas terão de girar em torno dessa decisão. Eu havia decidido não defraudar minha família muito antes de receber aquele telefonema e o convite para conhecer o presidente.

Nós sempre tivemos um dia ou um encontro da família toda semana. Flexibilidade entra em pauta se por algum motivo eu preciso viajar durante o nosso tempo normal juntos. Quando isso acontece, encontramos outro momento para reunir a família naquela semana.

Se eu trabalho um dia a mais fora, encontro outro dia para "repor" junto à família. Katie não precisa suplicar, nem mesmo pedir. Eu simplesmente planejei minha vida assim. Tenho tentado viver de modo que meus filhos nunca digam: "Mas papai, você nunca está aqui", mesmo que precise viajar todas as semanas por todo o país. Eu poderia dizer que durante o crescimento de meus filhos passei mais tempo com eles do que muitos pais que nunca viajam para fora da cidade. No fim do dia, quando seus filhos estão na adolescência e ainda lhe dão grandes abraços apertados, você percebe que não foi nenhum sacrifício.

Chegando em Casa do Trabalho

É muito importante que você chegue em casa do trabalho tanto física quanto mentalmente. Muitas pessoas, quando vêm do trabalho, chegam em casa tão exaustas fisicamente que não fazem bem algum para sua família. Sua mente ainda está no trabalho. Elas sentam-se com seus filhos, pensando no que farão no dia seguinte. Talvez liguem a tevê e se envolvam com seu programa favorito e chamem isso de passar um tempo com a família.

Quando você sai para o trabalho, vai preparado para enfrentar seus desafios e suas dificuldades. Você trabalha duro. Ao voltar para casa, seu dia de trabalho ainda não terminou, está apenas na metade. Só termina quando as crianças estiverem na cama. Sua esposa deve ter trabalhado duro o dia inteiro. Agora é hora do *trabalho em família:* ser pai. Seu foco e sua mente precisam estar presentes. Desligue o botão "trabalho"; deixe-o na sua pasta. Não verifique seus emails. Envolva-se com seus filhos. Role no chão com eles. Ria com eles. Brinque com eles. Faça coisas tolas com eles.

Lembro-me de quando meus filhos eram menores — e mesmo agora que são mais velhos — e eu fazia cócegas neles, brincava, ria, lutava com eles e os ouvia. Fechar meus olhos no fim de um dia agitado e ouvir seus gritinhos e suas risadas quando eu fazia cócegas neles no chão era como uma cachoeira caindo sobre a minha alma acalmando toda a agitação do dia. Eu criei equilíbrio em minha vida.

Sua vida não se resume ao seu trabalho. Não se resume ao seu ministério. Ela compreende todas as dimensões diferentes das quais Deus permitiu que você participasse. Se você tem filhos — essa é uma dimensão. Há algo no riso de uma criança, no ato de confortá--la quando está sofrendo e ouvir o que está em seu pequeno coração que proporciona sanidade a um adulto.

Você sabe que se for para o trabalho sem estar preparado e não der o melhor do seu esforço, corre o risco de ser demitido. O mesmo acontece no lar. Se você não voltar para casa preparado para dar o seu melhor, corre o risco de ser *demitido por seus filhos.* Eles o demitirão do posto de ser o único com quem compartilham o que está no coração deles e aquele a quem se aconchegam. Eles o demitirão do posto de ser o único em quem confiam de todo o coração. *Prefiro ser demitido do meu emprego a ser demitido da minha família.*

O Presente da Família

É fácil pensar: *Se eu colocar minha família em primeiro lugar ficarei para trás; tenho uma lista de coisas para fazer no meu trabalho (ou ministério) que exigem vinte e quatro horas por dia, todos os dias da semana.* É realmente um engano pensar dessa maneira. Para dar o seu melhor, seja no trabalho ou no ministério, você precisa ser saudável. Você precisa ser forte. Você precisa ter uma família saudável, filhos saudáveis e um relacionamento saudável com seu cônjuge. Ouvindo, disciplinando, instruindo, conversando, correndo, ficando frustrado com eles — simplesmente estando junto a eles, você se torna uma pessoa melhor. Quando voltar para o trabalho, você não será apenas uma máquina executando ordens, determinada a alcançar o sucesso. Você estará mais bem preparado para se relacionar com as pessoas que gerencia e lidar com as frustrações que eles têm no lar.

Buscar apenas sua carreira ou seu ministério é viver apenas uma dimensão da vida. Geralmente pensamos que, se estivermos focados apenas nessa dimensão, seremos bem-sucedidos. Se você é casado, ter um casamento saudável o fará ainda mais bem-sucedido do que se você dedicar-se apenas à sua carreira. Se você tem filhos, concentrar o foco em seu casamento e em seus filhos tornará a vida saudável. Assim, quando você se preparar para enfrentar os desafios do trabalho, realmente estará usando cem por cento da sua capacidade em vez de simplesmente sobreviver um dia de cada vez.

Meu casamento com Katie realmente salvou minha vida. Para ter um casamento equilibrado e sadio, aprendi que devo dar ouvidos a ela. Aprendi a dizer a mim mesmo: *É hora de deixar o trabalho e concentrar-me nela.* Quando decidimos ter filhos, nos comprometemos a gastar o tempo necessário com eles. Na verdade, a vida familiar tem preservado a minha vida e aumentado as minhas chances de longevidade, porque me tornei saudável por meio do relacionamento com minha esposa e meus filhos.

Não perca a experiência de ter seus filhos compartilhando com você coisas que lhe trarão esclarecimento e até mesmo repreensão. Eles podem lhe mostrar uma parte da sua personalidade que precise ser trabalhada. Eles definitivamente lhe trarão alegria. Deus traz à vida os nossos filhos para fazer de nós as pessoas que precisamos ser para sermos úteis neste mundo!

Capítulo 14

Mostre-me Como Você Gasta Seu Dinheiro, e Eu lhe Mostrarei o que Você Valoriza

Mais revelador impossível: as coisas nas quais você gasta seu dinheiro refletem o que você acha importante. Nós convidamos ou repelimos a cultura do mundo com cada centavo que gastamos.

Mencionei no início deste livro que os adolescentes gastam 150 bilhões de dólares por ano naquilo que você permite que eles comprem. Por favor, não cometa o engano de pensar: *Eles ganharam esse dinheiro; podem comprar o que quiserem.* Você, como pai, tem o direito de dizer: "Não, você não está pronto para ter um iPod (ou um computador)." Você permite que eles trabalhem durante o verão, e depois os ajuda a planejar como gastar o dinheiro sabiamente. Nossos filhos, por exemplo, tinham de poupar metade do que ganhavam durante o verão para a faculdade ou para comprar um carro mais tarde. Se quisessem comprar alguma coisa, podiam juntar a outra metade para adquirir o que desejavam (desde que nós aprovássemos). Eles reclamavam, mas isso os ensinou a poupar.

Quando foi lançado o PlayStation3, pouco antes do Natal de 2006, um grande número de pais entrou em um frenesi de gastos na esperança de adquirir um para seus filhos. Outros compraram unidades para vendê-las no *eBay* e assim obter lucro. O console mais barato relacionado no site foi vendido por 4.300 dólares; o preço médio estava entre 7 mil e 10 mil dólares (o lance mais alto foi de 30 mil dólares).[1]

Pagar 30 mil dólares por um videogame cujo preço é 450 dólares certamente é um sinal de que os filhos influenciam os padrões de gasto dos pais. É grande a quantia de dinheiro gasta com nossos filhos. A questão é: quando seus filhos começam a pressioná-lo, quem os influenciou para que eles influenciassem você? A artilharia constante da mídia iludindo-os e ditando sua conduta facilita que os valores do mundo dominem grande parte dos desejos dos jovens.

Não gaste "dinheiro de culpa" com seus filhos só porque você nem sempre está presente e constantemente tenta compensar isso. O dinheiro não vai compensar sua ausência. Não se renda a todas as exigências de seus filhos por coisas que os amigos disseram que eles precisam ter. Assuma o controle da cultura que você permite entrar em sua casa por meio das coisas com que gasta seu dinheiro.

Nosso desejo de dar aos nossos filhos mais do que tivemos quando crianças pode levá-los a consumir a mídia que os está destruindo. Colocando aparelhos de tevê em todos os quartos ou comprando todos os aparelhos possíveis, muitas vezes na tentativa de tornar a vida melhor para eles, nós estamos, na realidade, tornando-a pior. Você pode estar, na verdade, construindo uma parede entre você e seus filhos. O tempo que eles gastam e os valores que aprendem com as geringonças que você traz para casa, na verdade, o afastam, impedindo-o de ter um relacionamento profundo com eles. Seu desejo de dar a eles o que você não teve pode se transformar em uma maldição e separar os membros da sua família.

Mais Distração Por Centavo

Vamos falar claramente. Nós queremos ter uma família maravilhosa. Queremos que o foco dos nossos filhos se concentre sobre os valores corretos. Queremos nos certificar de que eles não sejam capturados e roubados pela cultura do mundo. Contudo, é fácil para nós enviarmos mensagens conflitantes por meio das coisas que compramos.

Precisamos pensar cuidadosamente no impacto causado por cada centavo que gastamos. Não podemos simplesmente pensar: *sempre quis ter uma grande tevê de tela plana* ou *preciso comprar uma antena parabólica.* Grande parte dos nossos gastos visa satisfazer nosso ego e nossos desejos egoísticos ou acalmar alguém que esteja choramingando por alguma coisa. Claro, podemos dizer que vamos passar ótimos momentos ao redor do aparelho de tevê. E isso pode até acontecer uma vez ou outra; grandes conversas surgirão de tempos em tempos. Mas quanto tempo de qualidade em família você consegue quando outra pessoa está entretendo vocês e moldando seus valores sem cessar? O gasto mensal com a fatura da sua tevê a cabo pode levá-lo a sentir-se obrigado a vê-la, caso contrário estará desperdiçando dinheiro.

Jogos Interativos (Não Videogames)

Pessoalmente, não sou um grande apreciador de jogos. Sou como todo mundo, que prefere deixar o cérebro ficar entorpecido enquanto assiste a alguma coisa que entretenha, especialmente depois que tentei alguns jogos pouco competitivos. Os jogos de tabuleiro eram divertidos para uma "geração mais ingênua", como nos meus tempos de crescimento. Agora temos uma sociedade muito exigente e precisamos estar atentos a isso. Videogames são satisfatórios, certo? Talvez sim, talvez não.

Videogames são extremamente viciantes. Existem dados mostrando que muitas pessoas que começam a jogar quando pequenas, continuam até os seus vinte ou trinta anos. Elas gastam infinitas horas competindo em jogos que não levam a nada. Claro, existem videogames que você pode jogar com outra pessoa na sala de estar, mas essa interatividade pode ou não acontecer, mesmo que essa seja a intenção. Existem alguns outros jogos de tabuleiro interativos que capturam a atenção dos seus filhos, como *Jogo da Vida, Monopólio, WAR, Imagem & Ação, Banco Imobiliário, Detetive* etc. E existem muitos jogos com cartas que são divertidos e obrigam você a pensar e se envolver com seus filhos: *UNO, Jogo da Memória* e *Deal*, por exemplo.

Você pode criar grandes lembranças brincando com jogos interativos ou lendo livros engraçados em voz alta. Nós costumávamos ler à mesa de jantar. Lembro-me de rir com a história que estávamos lendo e discutirmos os assuntos que ela provocou.

Tente não deixar que todas as noites em família vocês passem assistindo a um vídeo. Essa é a solução mais simples. Existem sempre tantos filmes para escolher... Nós precisamos evitar apenas assistirmos a vídeos nas noites em família. Pense na diferença entre gastar um tempo morno assimilando os valores de Hollywood e rir loucamente juntos durante um jogo competitivo. Qual você escolheria?

Às vezes todos vocês precisam apenas relaxar e se aquietar. Mas se você fizer disso um hábito e não se envolver com seus filhos, acabará com viciados em tevê de dezesseis, dezessete e dezoito anos sentados no sofá e absorvidos pela mídia, porque todo o tempo em família foi gasto silenciosamente diante de uma tela de televisão.

Opção da Família

Todas as coisas que costumavam ser rotuladas de "luxo" se transformaram em necessárias e essenciais. Agora, crianças de oito, nove e dez anos possuem telefones celulares! Você pode dizer não para os celulares. Fomos pressionados pelos nossos filhos para comprar-lhes CD players e celulares antes que tivessem a idade que achávamos que deveriam ter para possuir essas coisas. Nós dissemos não para eles; tiveram de esperar até completar dezesseis anos para ter um telefone celular. Provérbios 23:4 diz: "Não esgote suas forças tentando ficar rico; tenha bom senso!". Só porque você pode pagar por essas coisas não significa que deve comprá-las para sua casa ou para seus filhos.

Nós priorizamos a poupança de recursos para a faculdade de nossos filhos, para um momento de necessidade, para o futuro, para ajudar em missões. Existem muitas coisas nas quais podemos empregar nosso dinheiro em vez de apenas sermos indulgentes com nossos filhos ou conosco. Usar seu dinheiro para ofertar (como entregando os dízimos em sua igreja) e fazer doações para missionários e agências de ajuda humanitária, como a *Compassion International*, transmitirá uma mensagem positiva para seus filhos e incutirá neles o valor de serem bons mordomos dos recursos monetários proporcionados por Deus. Nós temos dado suporte a duas crianças da *Compassion Internacional* desde que elas eram pequenas, enviando e recebendo cartas delas para que nossos filhos lessem à medida que cresciam.

Cada centavo que você gasta mostra o que você valoriza. Mesmo que você possa comprar tudo o que desejar (ou tudo o que seus filhos desejarem), seria inteligente abster-se de satisfazer todos esses desejos. Não permita que as inovações e a tecnologia orientem suas compras. Tome decisões sobre as coisas em que você gasta seu dinheiro com *base naquilo que você valoriza* e que são importantes para você. Antes de comprar, avalie as implicações da compra de um pedaço de tecnologia que pode roubar seu tempo e moldar valores errados. Se isso significa que você não vai ter aquela tevê de tela plana que você desejou durante anos, que assim seja.

Pais e mães que recebem bônus monetários de seus empregadores e o gastam mimando a si mesmos com tecnologia de ponta somente tornam a família ainda mais caótica, convidando mais mídia para entrar em casa. Antes de comprar, pense sobre o efeito que cada compra terá em sua família. Tenha bom senso e saiba se conter. Possuir todos os brinquedos que já foram inventados não é o caminho para liberdade e felicidade. Você precisa decidir antecipadamente que tipo de família quer ter e que valores quer que eles imitem. Depois, faça suas compras de acordo com aqueles valores. Embora seu ego não fique empolgado naquele momento, ele ficará em longo prazo.

Para ter acesso à experiência *Recriar* completa, visite o site www.battlecry.com para assistir aos vídeos e encontrar outras informações.

Capítulo 15

Ensinando Seus Filhos a Serem Visionários

No capítulo 2 mencionei que noventa e oito por cento das pessoas são seguidores, enquanto dois por cento são formadores da cultura. Os dois por cento são os visionários. Uma das nossas maiores responsabilidades como pais não é apenas proteger nossos filhos da cultura, mas também ajudá-los a se tornarem formadores dela. Uma grande parte deste livro até este ponto tem mostrado a você como proteger seus filhos e incutir seus valores neles, não apenas para que você tenha uma "boa família" com ótimos valores, mas também para ensiná-los a causar impacto e moldar o resto do mundo com esses valores.

Como levamos nossos filhos a participarem daqueles dois por cento de formadores da cultura? Como os levamos a serem os visionários para sua geração, inventando dispositivos, compondo canções, administrando negócios, concorrendo a cargos políticos e participando do conselho diretor das escolas? Isso começa enquanto eles são ainda pequenos. Como mães e pais, precisamos procurar acender a centelha do desejo e plantar a semente em seu coração para que eles sonhem com criatividade ainda enquanto são bem pequenos.

Nós dizíamos aos nossos filhos desde que eles eram bem pequenos que eles nasceram para mudar o mundo — para fazer diferença. Nós os colocávamos para dormir à noite orando por eles: "Deus, use Hannah (Charity, Cameron) para mudar o mundo. Use-a para fazer diferença... para tocar a vida das pessoas". Desde a mais tenra idade, essa semente foi plantada em sua mente e em seu coração; eles cresceram acreditando que realmente são capazes de mudar o mundo e fazer diferença.

Nosso objetivo como pais não é somente fazer com que nossos filhos se tornem "bons" membros da sociedade. Nós precisamos criá-los para serem agentes de mudança. Nós precisamos fazer com que cresçam para que, com os valores que incutimos neles, subordinados à sua paixão por Deus, alcancem as pessoas. Nós estendemos o impacto que exercemos em sua vida a muitas outras, criando um efeito multiplicador à medida que eles tocam a vida de outras pessoas. Deixe-me dar a você alguns exemplos práticos de como fazer isso por seus filhos.

Ensinando Seus Filhos a Mudarem o Mundo

Estimule-os a Pensar Nas Outras Pessoas

Desde bem pequenos, encoraje seus filhos a pensar nas outras pessoas. Por exemplo, quando seus filhos decidirem ser empresários, como a maioria das crianças faz, você pode encorajá-los a cortar grama e vender limonada a fim de doarem o dinheiro ganho para ajudar *outras* pessoas, e não apenas para satisfazer sua vontade de comprar coisas. De igual modo, quando eles quiserem alguma coisa, em vez de comprar tudo o que querem, ensine-os a encontrar novos projetos e empreendimentos para ganhar dinheiro. Eles precisam aprender a poupar para comprar as coisas que desejam.

Ajude-os a Buscarem Pequenos Sonhos

Nós podemos ensinar nossos filhos a aproveitar as oportunidades. Quando Hannah, minha filha mais velha, tinha treze anos, teve a ideia de usar a internet para ajudar meninas na pré-adolescência por meio de um site que ela desejava criar. Eu fui o seu mentor, ajudando-a a aprender um pouco sobre programação. Ela escreveu o código para um site chamado girlofgod.com. Ela tinha todo o tipo de ideia sobre como faria o trabalho. Era empolgante. Muitas meninas pré-adolescentes entraram em contato, e Hannah ministrou a elas. A visão não continuou por muito tempo, mas foi uma lição de vida fantástica para ela. Ela percebeu esta verdade: "Se eu tenho um sonho, posso aprender como fazer para alcançá-lo e realizar alguma coisa". Ajude seus filhos a descobrirem oportunidades para impactar outras pessoas e não apenas mimarem a si mesmos; mostre-lhes como levar adiante uma visão, desde o momento da concepção até a conclusão.

Desafie a Lógica Egoísta

Durante todos os anos de crescimento de nossos filhos, tínhamos uma tradição especial para as manhãs de Natal. Depois de tomarmos o café, nos aprontávamos para sair de casa a fim de fazer o que minha esposa e eu sentíamos ser a mais importante das nossas tradições antes da abertura dos presentes: íamos servir refeições no Exército da Salvação local. Nós fazíamos isso para transmitir aos nossos filhos a mensagem de que o Natal tem a ver com servir, e não apenas com mimarmos a nós mesmos. Era inevitável que acabássemos conversando com algumas pessoas que estavam realmente sofrendo; nós as ouvíamos e orávamos por elas. Procure diversas maneiras de plantar sementes em seus filhos a fim de fazê-los voltarem-se para as outras pessoas.

Experiências Fora de Casa

Uma das melhores coisas que você pode fazer é ajudar seus filhos a servir e impactar outras pessoas. Você pode estimular isso lhes oferecendo experiências longe de casa. Mandá-los para um acampamento no verão é ótimo, mas encontrar um local onde eles não sejam mimados exerce um impacto maior. Procure um lugar que os ensine a se aproximarem de Deus ou onde aprendam alguma habilidade. Exemplo disso seriam os acampamentos de liderança, de missões, acampamento de basquetebol, de artes dramáticas ou qualquer outro que possa lhes ensinar uma habilidade que será útil até mesmo nos seus anos de Ensino Médio, a fim de servirem a outras pessoas e alcançarem excelência em alguma área.

Uma ótima coisa que você pode fazer é enviar seus filhos em viagens missionárias para outra parte do mundo. Lá eles podem ver como vivem outras pessoas muito menos afortunadas do que nós. Comece fazendo isso desde cedo. (Nós começamos a enviar nossos filhos em viagens da Global Expedition com o ministério Teen Mania quando eles tinham onze anos).

Se a MTV está visando crianças cada vez com menos idade, devemos fazer o mesmo. Devemos plantar em nossos filhos o desejo de realmente fazerem diferença e mudarem o mundo. Enviá-los em viagens missionárias não se resume a mandá-los viajar. É também mostrar-lhes como podem levantar fundos. É claro que essas viagens não são pagas apenas pela mamãe e pelo papai; as crianças precisam escrever cartas para levantar recursos e encontrar patrocinadores. Elas precisam se preparar, levar seu passaporte, fazer suas malas e ser responsáveis. Isso as tira de sua zona de conforto.

Durante uma viagem da Global Expedition elas são mentoreadas e disciplinadas (são ensinados a elas princípios e preceitos para uma vida fiel a Deus e baseada nos ensinamentos das Escrituras). Ao mesmo tempo, elas estarão demonstrando interesse e ajudando pessoas de maneira muito prática, quer isso signifique cavar um poço na Índia, ou cuidar de órfãos cujos pais morreram de AIDS na África. As crianças se conscientizam de que a vida não se resume às coisas que elas acumulam. Mesmo que não se tornem missionários mais tarde, ao menos essa experiência lhes proporciona o sabor de fazer alguma coisa que definitivamente não é egocêntrica.

Representa um teste para nós, pais, permitir que nossos filhos tenham essa experiência — um teste para a certeza de que Deus cuidará deles. Dar permissão para que deixem o país transmite aos nossos filhos desde pequenos a mensagem de que eles nasceram para fazer grandes coisas e estão destinados a impactar o mundo!

Katie e eu começamos a levar nossos filhos em viagens missionárias desde bem pequenos, na verdade, desde quando ainda estavam no ventre materno. Mesmo quando ainda tinham dois ou três anos, nós os levávamos conosco para diferentes destinos missionários a fim de que pudessem ver o que os adolescentes que participavam da viagem estavam fazendo. Sempre fazíamos com que eles se envolvessem, mesmo com quatro ou cinco anos. Às vezes eles pegavam alguns de seus brinquedos e bichos de pelúcia para dar às crianças que conheciam nas viagens. Em outras ocasiões, diziam a uma criança por meio de um intérprete: "Olha, eu trouxe esta boneca para você e apenas quero que saiba que Jesus o ama". Nossos filhos compartilhavam coisas desse tipo, enquanto davam seus brinquedos às crianças do mundo. Cada etapa de cada viagem que fizeram à África comigo ou à Índia com Katie, provocou uma impressão neles. Essas lembranças indestrutíveis os marcaram para a vida toda, ensinando-os o quanto somos abençoados e como Deus nos criou para mudar o mundo.

Ao completarem onze anos, nossos filhos passaram a participar de viagens missionárias sozinhos. Na verdade, viajavam na companhia de experientes líderes treinados e um grupo de criança de sua faixa etária. Essa era uma experiência que podiam ter sem que "papai e mamãe" estivessem à sua volta. Para nós, porém, era um grande passo de fé, como o é para milhares de pais que deixam seus filhos participarem todos os anos dessas viagens. Na verdade, era um choque para nós pensarmos que eles estavam viajando para aquelas nações com outros líderes, mesmo tendo viajado muitas vezes conosco.

Lembro-me de quando Hannah, aos onze anos, foi pela primeira vez participar de uma viagem missionária para jovens cujo destino era a Costa Rica. Foi maravilhoso ouvir suas histórias ao regressar. Na verdade, quando retornou após duas semanas de viagem, ela sentou-se em meu escritório compartilhando, durante duas horas, uma história atrás da outra dos milagres que aconteceram e de como o Senhor a tinha usado para ministrar a outras crianças. No fim da nossa conversa, seus lábios começaram a tremer e seus olhos encheram-se de lágrimas. Ela exclamou: "Papai, eu sinto como se Deus quisesse me usar para fazer algo para alcançar a minha geração!". Em seguida, ela começou a soluçar incontrolavelmente.

Mesmo que Hannah tivesse crescido cercada por um ministério e viajando para outros países, não havia absolutamente nada que eu pudesse ter dito que provocasse aquela reação. Somente quando Katie e eu permitimos que ela mesma fosse ministrar foi que Deus iluminou em seu coração o destino que a esperava. A partir daquele momento, ela tomou consciência de que não estava aqui neste mundo por brincadeira, mas que Deus a tinha colocado aqui por uma razão. Seus filhos experimentarão a mesma coisa quando você descobrir oportunidades para tirá-los de casa a fim de que Deus possa iluminar seu interior e mostrar-lhes seu destino.

Faça Amizade Com Visionários

Já disse isso de muitas maneiras, mas permita que eu o diga novamente: Você *pode* influenciar seus filhos na escolha de seus amigos. Muitos pais pensam: *Não tenho nenhuma influência sobre o que meu filho faz na escola.* Isso não é verdade. Você pode influenciar a escolha de amigos por parte de seus filhos, mesmo quando eles estão na escola. Antes de tudo, quando eles são pequenos, plante em seu coração o desejo de ter o tipo certo de amigos. Isso não significa que eles sempre farão as escolhas certas; assim, você terá de ajudar a delinear para quem eles telefonam, com quem ficam, com quem têm permissão de interagir depois da escola, que é onde acontece grande parte desse ajuste. E o mais importante: se você encontrar crianças que estejam positivamente fazendo diferença, descubra maneiras de fazer com que seus filhos se juntem a elas. Ao menos não permita que seus filhos tenham um monte de amigos molengas imersos na mídia e na cultura, cujo comportamento possa contaminá-los.

Limite o Consumo de Mídia

Quanto mais seus filhos veem a mídia formada por outras pessoas, mais se tornam parte dos sonhos delas. No mínimo, isso pode incutir valores ruins neles. Na melhor das hipóteses, isso ocupará a sua mente impedindo que sonhem ou pensem: *O que posso fazer em minha escola? O que posso fazer este verão para mudar o mundo? Em que eu deveria me especializar? Qual é o meu papel em ajudar a humanidade sofrida?*

Recompense

Estabeleça incentivos para boas notas, criatividade, demonstrações de bom caráter e assim por diante. Recompense seus filhos com palavras, dinheiro, encorajamento, oportunidades, saindo com eles para fazer alguma coisa divertida juntos. Se nosso sistema de valores gira em torno da família e nós realmente queremos que nossos filhos sejam pessoas criativas, vamos recompensá-los pelas coisas que sabemos que irão conduzi-los no rumo certo. É inevitável, mas as recompensas em muitas famílias não estão direcionadas no sentido de fazer de seus filhos pessoas inovadoras, planejadoras e criativas.

Inspire Por Meio de Histórias

Eu o estimulo a compartilhar histórias sobre os grandes personagens da História ou jovens da atualidade que tenham feito coisas notáveis para formar seu país. Você pode ler uma história rapidamente durante o jantar. Dois livros com exemplos de jovens exemplos são *Columbine Courage* (Coragem em Columbine) *e The Power of One* (O Poder de um Só). Esses livros contêm muitas histórias sobre jovens que defenderam sua fé. *The Power of One* também inclui alguns exemplos bíblicos que você pode utilizar para inspirar seus filhos a serem agentes de transformação no mundo.

Em resumo, seus filhos são a herança que você deixa para o mundo. Plantar sementes neles desde pequenos a fim de que usem sua vida para mudar o mundo é o nosso principal trabalho. Quando estivermos focados, crendo que "meu trabalho é ajudá-los a terem a visão de quais são os sonhos de Deus para eles e fazer todo o possível para capacitá-los a realizar esses sonhos", então todos nós teremos filhos que causarão mais impacto no mundo do que nós causamos.

PARTE II

Recriando em Sua Igreja uma Cultura que Vence o Mundo

Agora que já analisamos como recriar em nossa família a cultura que vai resistir ao mundo, é imperativo que voltemos nossa atenção para nossa igreja. Existem inúmeras famílias em sua comunidade com filhos que precisam ser alcançados. Os filhos dessas famílias, bem como os filhos de famílias cristãs, precisam saber que existe um grupo de pessoas iguais a eles e um lugar para frequentarem que defende e confirma aquilo em que eles creem e, de fato, os encoraja a seguir em frente. Não se trata apenas de fazer com que as crianças frequentem a igreja. Quando elas estão na igreja, a pergunta é: *O que elas recebem?* Nós podemos implorar a elas ou forçá-las a vir aos domingos, mas o que podemos fazer para criar um ambiente onde elas realmente *queiram* estar? Como já vimos, pais têm forçado seus filhos a irem à igreja durante toda a vida, e nem por isso verdadeiramente influenciaram sua maneira de crer ou de viver.

Quando estiver lendo os próximos capítulos, quer seja você um pai bem-intencionado ou um líder na igreja, por favor, empenhe-se na leitura desta parte. Todos nós, como membros do Corpo de Cristo, estamos em dívida para com a geração mais jovem. Precisamos oferecer a eles uma oportunidade justa para que não apenas tenham fé, mas também prosperem em sua fé. Nós devemos fazer de nossas igrejas locais onde eles se sintam livres para serem apaixonados por Deus, que amem frequentá-las em busca de crescimento e onde obtenham respostas reais para as perguntas que têm acerca da vida.

Capítulo 16

Uma Geração Longe da Extinção

A passagem bíblica de Juízes 2:10 nos fala de uma geração que se levantou depois que Josué e sua geração tinham morrido, e que eles *não conheciam o Senhor ou os milagres que Ele tinha feito.* Pense nisso por um momento. Pense em Moisés e em todos os milagres que Deus realizou através dele enquanto ele tirava os filhos de Israel de sua escravidão no Egito — a divisão do Mar Vermelho ou todas as pragas que vieram sobre o Egito antes disso. A maior parte das pessoas que saíram do Egito já estava morta quando Josué e Calebe assumiram a liderança, depois da morte de Moisés. Sob a liderança de Josué aconteceu uma nova série de milagres: as águas do rio Jordão se detiveram para que o povo cruzasse o rio; caíram as muralhas de Jericó; os israelitas, pelas mãos de Deus, venceram uma batalha após a outra.

Agora os israelitas estavam na Terra Prometida de que tanto falavam há longo tempo; eles tinham o favor de Deus. Eles entraram na terra e se estabeleceram na benção que Deus lhes dera. Entretanto, essa nova geração não conhecia o Senhor nem os milagres que os levara até ali.

Fico imaginando se não vivemos um cenário semelhante nos Estados Unidos. Os cristãos fundadores da nossa nação que trabalharam duramente para nos dar uma terra com liberdade religiosa são, no mínimo, desconsiderados. As pessoas que lutaram e morreram para que tivéssemos um lugar onde o evangelho pudesse florescer ficariam chocadas diante daquilo que floresce por aqui atualmente. Foram muitos os milagres que nos proporcionaram uma nação que se transformou em uma superpotência econômica porque Deus nos abençoou para que fôssemos uma benção para o mundo.

Agora que já recebemos nossa benção, surge uma nova geração que espera que esta seja uma terra de privilégios onde eles merecem todas as bênçãos que têm. A propósito, pessoas do mundo secular não acreditam que Deus tenha algo a ver com suas bênçãos. Na atual conjuntura de vida nos Estados Unidos, corremos o perigo de ser classificados da mesma maneira que Israel naquela ocasião: *levantou-se uma geração que não conhecia o que Deus tinha feito.*

E Quanto Aos Cinco Por Cento?

Você deve ter ouvido algumas coisas sobre a próxima geração de norte-americanos: somente cinco por cento deles serão cristãos que acreditam na Bíblia.[1] Em meu livro *Battle Cry For a Generation* (Grito de Guerra Para Uma Geração) eu claramente ressaltei os dados referentes a esses números. Embora alguns discutam os cinco por cento, o irrefutável é que essa percentagem é a mais baixa da história. Mais pessoas do que os cinco por cento de que falamos frequentam a igreja, mas estamos tratando de pessoas que realmente acreditam que a Bíblia é a Palavra de Deus e que nós devemos viver por ela, como fazemos com uma bússola. A Bíblia não é um livro de opiniões ou sugestões; é um livro com as instruções de Deus para a nossa vida. Ela apresenta os princípios pelos quais devemos viver.

Outros estudos confirmam novas evidências desse fenômeno nos Estados Unidos. Por exemplo, o projeto The American Church Research descobriu que a porcentagem de pessoas que frequentou uma igreja cristã na última semana é bem mais baixa do que muitos pesquisadores dizem.[2] George Barna e outros dizem que o número de pessoas que frequentam a igreja cristã está atualmente em quarenta e sete por cento, mas quando você olha para os números reais, eles mostram que realmente apenas 17,3 por cento das pessoas nos Estados Unidos frequentam a igreja.[3] O *The American Church Research Project* descobriu que a percentagem de pessoas que frequentam uma igreja cristã todas as semanas decresceu significativamente de 1990 para 2006. Ela baixou de 20,6 por cento em 1990 para 17,3 por cento em 1995.[4] Nos Estados Unidos, algumas igrejas fecham e outras abrem a cada ano, mas quando você faz os cálculos, descobre que estamos perdendo entre 3.500 e 4 mil igrejas todos os anos.[5]

Pense no que isso diz sobre o futuro potencial do nosso país. Isso é especialmente alarmante quando você examina o crescimento de livros ateístas da cultura pop que apresentam a menção a Deus como uma idiotice. Em março de 2008, Oprah Winfrey iniciou um dos maiores cultos do mundo quando apresentou o livro de Eckhart Tolle, *Um Novo Mundo* em seu clube do livro. Esse livro rebaixa a divindade de Deus a mera "intuição" [6]. Existem muitos outros livros ateístas que acrescentam à visão da nossa cultura que Jesus foi apenas um grande homem, como o livro *Deus, Um Delírio*, de Richard Dawkins. O filme de 2004 *Quem Nos Acode?* deveria ter alarmado todos os cristãos evangélicos. Uma visão chocante e atrevida de Deus e da Igreja comprovando a realidade, já que o filme está fundamentado na opinião que muitos incrédulos têm do cristianismo.[7] Da forma como os cristãos e as igrejas são ridicularizados na mídia popular, não é de admirar que estejamos vendo esses números.

Implicações

Se formos pensar nas implicações, logo estaremos encarando a possibilidade real de um Estados Unidos pós-cristão. De fato, sob várias perspectivas, para aqueles que quiserem fazer uma dedução, nós já somos pós-cristãos. Seja como for, estamos prestes a pisar no território do pós-cristianismo, o que jamais tínhamos sequer imaginado.

Pense na Europa pós-cristã — nas milhares de catedrais vazias todas as manhãs de domingo em todas as nações e as leis horríveis que eles criam ou consideram criar. A Alemanha, por exemplo, considera a possibilidade de criar uma lei para permitir que, uma vez casados, os casamentos durem apenas sete anos.[8] Na Inglaterra, o nudismo aparece nos jornais normais.[9] Na Holanda, existe um teste de integração social pelo qual as pessoas precisam passar para se tornarem residentes. Indivíduos são forçados a observar homossexuais trocando carícias e mulheres impropriamente vestidas, com o aviso de que, se não puderem aceitar isso, a Holanda não é o lugar certo para eles.[10] Na França, um programa diário chamado "Naked News" (Notícias Nuas) é apresentado como "o programa que não tem nada a esconder". Você já adivinhou — no programa todos os âncoras apresentam as notícias nus em pelo.[11]

Há outras implicações relacionadas a um Estados Unidos pós-cristão. Pense acerca do suporte monetário para missões. Quando o irmão K. P. Yohannan, o fundador do ministério Gospel For Asia, ficou sabendo dos cinco por cento, ele me telefonou e disse: "Ron, você percebe o que acontecerá com as doações destinadas a missões se nós acabarmos tendo apenas cinco por cento de pessoas que creem na Bíblia e seguem a Deus? O que vai acontecer com o evangelismo em todo o mundo?".

Você deveria pensar a respeito da presença que temos em todo o mundo por meio da mídia. Quando as pessoas em todo o mundo pensam nos Estados Unidos, pensam no estilo de vida apresentado em programas de tevê tais como *S.O.S Malibu* ou *Desperate Housewives.* Elas pensam na MTV e na celeridade de sua música horrorosa, seus vídeos e outras formas de mídia saídas da nossa nação, destruindo a geração jovem de bilhões de adolescentes de todo o mundo. (A MTV é apresentada em 169 nações e em 28 línguas[12].)

Tenho recebido cartas e emails de pastores de todo o mundo, dizendo: "Ron, estamos perdendo nossas crianças e não sabemos o que fazer. Elas pertencem mais à sua cultura (à cultura dos Estados Unidos) do que a nós. Você pode vir nos ajudar a alcançar os jovens da nossa nação?". Recentemente, a CNN produziu um especial chamado "God Warriors" (Guerreiros de Deus) que falava sobre o movimento Battle Cry (Grito de Guerra) e sobre como estamos tentando resgatar os jovens da influência da propaganda e da cultura popular. Um membro do parlamento italiano entrou em contato comigo; sua mensagem era: "Nós estamos travando uma batalha por nossos jovens aqui. Você poderia vir e nos ensinar como alcançar os jovens da Itália?" (Mal sabia a CNN que estava ajudando a propagar o evangelho). Permitir que nossos jovens permaneçam submersos na cultura é afastá-los das coisas de Deus e impactar catastroficamente não apenas os Estados Unidos, mas o mundo inteiro.

Se você der uma olhada em alguns dos títulos do capítulo 1, pode parecer que já entramos na era de um Estados Unidos pós-cristão. Mas ainda há esperança e também oportunidades para reverter esse quadro.

Nossa Oportunidade

O auge da taxa de nascimento da nossa geração jovem foi no ano de 1989, o que significa que aquelas crianças têm cerca de dezoito anos no momento em que este livro está sendo escrito. A maior parte das pessoas entrega sua vida a Cristo antes dos vinte anos.[13] Portanto, há uma urgência santa de sairmos em busca dessa geração antes que cheguem aos vinte anos. Pense nas implicações dessa última frase. Nós ainda podemos ficar com os melhores anos dessa geração mais jovem, mas, para isso, será necessário o envolvimento de toda a Igreja, e não apenas de um pastor bem "legal" ou de um voluntário eficiente no trato com a juventude. Isso vai exigir o envolvimento de todos, desde o pastor, passando pelos diáconos, presbíteros, introdutores, líderes de ministério de homens, mulheres e idosos, reunidos em torno dessa causa que é alcançar nossa geração mais jovem.

Neste exato momento temos a oportunidade de alcançar esses jovens e resgatá-los antes que completem vinte anos. Pense naqueles que estão nas drogas em sua comunidade, as garotas que estão grávidas, as pessoas com tatuagens e *piercings* que cruzam com você nas lojas e aquelas que estão procurando encontrar nas gangues uma família. Existem aqueles que precisam ser resgatados. Os jovens em sua igreja precisam estar profundamente envolvidos com as coisas de Deus e preparados para se opor à cultura.

A própria igreja precisa estar disposta a mudar e ser moldável a fim de levar a poderosa mensagem do evangelho verdadeiro a uma jovem geração. A verdade de Deus jamais muda. Porém, a forma como a transmitimos pode e deve mudar para estabelecer uma conexão com a geração mais jovem.

Espero que você possa sentir a urgência que está em meu coração. Agora é a hora — depois de dois ou três anos de campanhas do Battle Cry, em que nós e outros ministérios estivemos tocando os tambores e dizendo: "Agora é o momento de concentrarmos o foco nos jovens". A fase 2 acaba de ser lançada e você, lendo este livro, faz parte dela. Essa fase é: "Vamos criar algumas respostas". Vamos fazer com que as igrejas sejam ambientes que realmente envolvam nossos jovens. Que eles não passem por nós e por nossas igrejas para encontrarem alguém em uma gangue ou traficando drogas que os aceite mais do que nós ou os ame e cuide deles mais do que nós o fazemos.

O Corpo de Cristo se agrupou, vindo dos mais diferentes extremos para fazer arder a chama sobre nossos jovens. Ministérios como o de Kay Arthur e Jack Graham (Jack é pastor de uma das maiores igrejas Batista dos Estados Unidos), e pessoas tão diferentes quanto Chuck Colson e Joyce Meyer se juntaram a nós para dizer: "É melhor nos concentrarmos nos jovens neste momento ou vamos entrar em uma nova era em nossa nação". Se todas essas vozes e ministérios podem se aliar, será que nós, como indivíduos, não podemos nos juntar para resgatar os jovens de nossas comunidades? Agora é a hora. Não vamos apenas levantar as mãos e dizer: "O mundo é tão ruim, não sabemos o que fazer". Nós sabemos, sim, o que fazer. As igrejas estão começando a fazer isso em todo o território dos Estados Unidos. Não somente os pastores dos jovens, mas igrejas inteiras estão se agrupando para dizer: "Somos aqueles que vão fazer com que seja muito difícil para os jovens da nossa cidade irem para o inferno".

Ao continuar lendo, você encontrará histórias de igrejas que estão fazendo isso. Sua igreja pode e deve fazer parte. Você é fundamental para ajudar a inflamar em sua igreja a compaixão pelos jovens. Juntos podemos reverter essa situação, mas será necessário que todas as pessoas que têm este livro em mãos ajam. Leia e deixe-se inspirar por outras pessoas que já causaram um profundo impacto no resgate dos jovens de suas comunidades.

Para ter acesso à experiência *Recriar* completa, visite o site www.battlecry.com para assistir aos vídeos e encontrar outras informações.

Capítulo 17

Criando Uma Igreja que os Adolescentes Queiram Frequentar

"Mamãe, eu tenho mesmo que ir?". Essas palavras geralmente são ouvidas todas as semanas quando pais tentam persuadir, e até mesmo subornar, seus filhos pequenos ou mais velhos para irem à igreja. Esses pais sentem que se apenas conseguissem fazer seus filhos irem àquele lugar (a igreja), de algum modo um milagre poderia acontecer (muitas vezes, de fato, acontece) e eles seriam transformados. Sem que o jovem saiba, Deus tem um plano para injetar Sua vida no coração dele naquele culto em particular.

O fato é que, depois que os jovens chegam a Cristo, precisamos nos assegurar de que eles sejam envolvidos pelo ambiente da igreja de uma maneira que realmente alimente a sua fé e os ajude a crescer. Eles precisam de um lugar pelo qual se sintam atraídos e que os faça *querer voltar outras vezes.* Com demasiada frequência as palavras que ouvimos "eu realmente preciso ir?" partem de jovens que entregaram sua vida a Cristo. Ouvimos demais coisas do tipo: "Eu amo Jesus, mas não gosto da igreja". Por que acontece isso? Todos nós temos ouvido ou testemunhado brigas, escândalos e discussões no meio da "família de Deus" que deixam as pessoas decepcionadas com a igreja. Pode parecer que a igreja não está alinhando a prática com sua crença. Bem, é hora de tudo isso mudar.

Fora da Tempestade

A cultura nos Estados Unidos e em todo o mundo é como um furacão se abatendo sobre o coração e a mente desta jovem geração. Quando os jovens começam a amar a Deus e a desejar seguir Sua verdade, precisamos nos certificar de que eles tenham um círculo de amigos e relacionamentos que ajude a estimular sua fé.

Quero plantar em você a semente da visão do tipo de igreja que incentiva esse tipo de crescimento — uma visão para o tipo de igreja e ministério jovem que os faz derrubar as suas portas para entrar, se preciso for. Imagine um lugar onde o coração das pessoas esteja ardendo por Deus. Elas mal podem esperar para encontrar seus amigos, ouvir o pregador, fazer anotações, ser estimuladas. Elas estão não apenas assimilando, mas também transmitindo a outras pessoas aquilo que aprendem. Imagine um lugar onde os jovens se reúnem e adoram a Deus apaixonadamente, com todo o coração, em vez de apenas ficarem ali parados durante a adoração. Imagine um lugar onde os jovens, entusiasmados por estarem ali, corram para frente assim que começa o louvor para poderem estar mais perto do altar nesse momento de adoração. Eles levantam as mãos ou então caem de joelhos, cantando com todo o entusiasmo.

Imagine um lugar onde eles, quando entram na igreja, possam se retirar da artilharia implacável e da cultura que está tentando destruí-los. Assim que passam pela porta eles dizem: "Puxa! Estou em casa. Estou ardendo de amor por Deus e sinto que é normal estar aqui".

Imagine uma igreja onde os adultos se reorganizam em torno dos jovens de maneira tal que não exista mais a mentalidade "nós e eles". Os jovens são acolhidos pelos mais velhos — adultos, mães, pais e avós. Todos os adultos lhes dão boas-vindas quando chegam à igreja todos os domingos.

Imagine um lugar onde os jovens estejam realmente envolvidos nos cultos das manhãs de domingo — como introdutores, fazendo parte da banda de louvor, da equipe ministerial ou dos grupos de oração. Imagine um lugar onde tanto a pregação quanto o louvor das manhãs de domingo não sejam direcionadas apenas para os que têm de quarenta a sessenta anos de idade, mas que também toquem verdadeiramente os corações de dezesseis e dezoito anos. Eles mal podem esperar para chegar e ocupar a primeira fileira, e não a última.

O que acabo de descrever resume o que estamos discutindo: a criação de um ambiente que seja um porto seguro para a fé dos jovens, onde sua coragem e seus relacionamentos os ajudem a ficar protegidos da cultura cotidiana. Nós chamamos esses lugares de igrejas "NextGen" (Igrejas da Próxima Geração). Vou descrever para você nos próximos capítulos exemplos dessas igrejas e como sua igreja, grande ou pequena, pode se tornar uma igreja NextGen para sua comunidade.

Os Jovens Sabem...

Nós podemos dizer que amamos e nos importamos com os jovens, mas eles sabem quando são amados e aceitos. Podemos ter um programa para os jovens e um edifício com luzes e sons para eles, mas eles sabem se a congregação os considera importantes, mesmo que nenhuma palavra tenha sido dita. Talvez uma olhadela de alguém com cinquenta anos quando o jovem chega com determinada atitude, um *piercing* ou estilo de cabelo que é ofensivo para os adultos que, por isso, torcem o nariz para ele. Esse jovem não voltará mais por não se sentir acolhido. Não há nenhum motivo para que aquele jovem faça parte dessa igreja. O primeiro passo para tornar-se uma igreja NextGen é examinar nosso coração em relação a essa atitude que eu acabei de descrever.

Em seguida, nós não podemos apenas despejar o nosso dinheiro na sacola de coletas e dizer: "Aqui está, para o ministério com os jovens". O núcleo da igreja precisa começar a realmente se interessar pela juventude. Quanto mais soubermos a respeito da destruição que vem sendo perpetrada contra essa geração, maior será a paixão com que iremos nos preocupar com ela.

Nós devemos cuidar dela, ou você não estaria lendo este livro. Para aqueles entre nós que amam os adolescentes, é tarefa nossa *ajudar outras pessoas a cuidar deles, colocando livros como este em suas mãos.* Nós precisamos fazer com que essas pessoas assistam a vídeos e ouçam histórias de jovens que estão sofrendo e que realmente foram transformados pelo Senhor. Precisamos constantemente exibir essas histórias e estatísticas para a congregação em nossa igreja a fim de ajudar as pessoas a começarem a amar e querer alcançar os jovens.

O primeiro passo consiste em reunir os adultos em sua igreja em torno da causa do ministério com a juventude. Você pode fazer isso de maneira prática usando este ou meu outro livro *Battle Cry For a Generation* (Grito de Guerra Para Uma Geração). Use o guia de discussão para pequenos grupos de adultos que acompanha cada livro para conduzir um grupo durante seis semanas de discussões a fim de verdadeiramente compreender o que a cultura está fazendo com a juventude e o que podemos fazer para responder a isso.

Cultos de Domingo

É importante que os jovens não venham aos cultos de domingo simplesmente para "cumprir sua sentença". Muitos cultos nas igrejas são assim. Os jovens são forçados a ir e ficam ali sentados como se estivessem em uma prisão. Você não preferiria ver o tipo de igreja na qual os jovens se sintam ligados ao pastor-presidente e abracem o que a igreja representa? Você não gostaria de vê-los fazer mais anotações do que os adultos durante as pregações? Isso pode e vai acontecer nas igrejas, como você verá nos próximos capítulos.

Estudos abrangentes mostram que mesmo jovens criados na igreja não continuam frequentando cultos quando vão para a faculdade. Estudos mostram que oitenta e oito por cento deles não continuam indo à igreja.[1] Bom, isso precisa mudar. A única maneira de mudar é tornar as crianças parte da vida da igreja enquanto ainda são pequenas, e abordar questões da Bíblia que sejam relevantes para elas. Precisamos fazer com que os jovens se envolvam com o que acontece nas manhãs de domingo. Precisamos nos certificar de que o que está acontecendo na igreja esteja alimentando a alma dos jovens. Precisamos nos certificar de que nós, pastores e pregadores, estamos atingindo *a vida e o coração dos jovens* (e não falando apenas para adultos).

As mensagens de domingo não podem ser apenas uma série de frases de efeito para manter os adultos satisfeitos e os dízimos entrando. Não estou sugerindo que o pastor deva colocar um *piercing* e se vestir como os adolescentes. Mas os jovens podem dizer se você os ama e está prestando atenção a eles pela forma como você prepara sua pregação. Seja qual for o assunto do seu sermão, é preciso que você envolva esses jovens. Jogue alguns "petiscos para eles mastigarem". Dê-lhes alguns dados relacionados à cultura e a histórias que façam com que eles saibam que *são parte da igreja*! Eles não são apenas um apêndice, mas sim uma parte vital da igreja *agora*. Se quisermos mantê-los na igreja quando forem mais velhos, eles precisam fazer parte da igreja agora.

Criando Uma Subcultura

Vivemos dentro de uma cultura em nossa vizinhança e nossa comunidade. Até agora, examinamos grande parte da cultura que está destruindo e dilacerando nossos adolescentes. Eles precisam de um porto seguro onde possam se abrigar dessa cultura. Existe uma cultura em cada igreja e você pode senti-la assim que entra pela porta. *Deveriam os adolescentes se sentirem mais ligados à sua igreja e ao seu ministério jovem do que ao mundo?* Considere essa pergunta em termos daquilo que você sabe sobre sua igreja.

Quando você pergunta a um jovem pelo quê ele se interessa, a resposta típica inclui bandas preferidas, futebol ou outros esportes, música etc... Você acha que um jovem jamais iria responder: "Oh, minha igreja! Ela é tão estimulante! Mal posso esperar para voltar lá na semana que vem. Nós temos um ótimo grupo de jovens. Deus está fazendo coisas maravilhosas. Eu amo frequentá-la. Você precisa vir comigo!". Não me entenda mal, essa resposta pode acontecer, e está acontecendo. Será a resposta dos jovens de sua igreja quando você e os demais criarem uma cultura inspiradora, que os capacite e deixe que saibam que vocês estão comprometidos com eles de uma maneira realmente profunda.

Veja o exemplo da Hillsong Church. A cultura da Austrália como um todo é bastante secular. Não existe quase nenhuma herança cristã. Entretanto, a Hillsong hoje conta com cerca de trinta mil membros, e criou uma subcultura para jovens e adultos que supera em muito a cultura não-religiosa.

Quando esse tipo de cultura se apodera de uma igreja, suas referências de vida mudam. A igreja não tenta competir com o mundo para ser "legal". Aqueles que a frequentam não se importam com o que a cultura do mundo diz porque estão entusiasmados com a cultura da igreja que transformou sua vida. O ministério ali é permanente e as pessoas voltam sempre. Ele é vivificante, empolgante, vibrante, ousado.

É possível ter uma subcultura florescendo dentro da igreja que alimente os indivíduos de maneira tal que a igreja não apenas subsista, mas também prospere em meio a uma sociedade completamente secular. Como resultado, adultos e jovens progridem em sua fé e se parecem cada vez mais com Jesus, apesar da força de atração exercida pela cultura secular.

Depois de visitar a Hillsong Church, todas as pessoas ligadas à igreja que encontrei davam a impressão de realmente viverem em outro planeta, diferentemente do resto das pessoas na Austrália. A cultura do país pouco os afetava.

Muito Bom Não é Bom o Bastante

Muitas vezes ouço de igrejas ou denominações: "Oh, nós temos um ministério para a juventude muito bom". O objetivo não é ter apenas um bom grupo de jovens. Isso não é o bastante! Nós precisamos ter uma igreja que agrupe sua estrutura interna em torno dos jovens e se reorganize de maneira tal a criar uma cultura vivificante para eles.

Tenho conversado com líderes de diferentes denominações que dizem coisas como: "Mas, Ron, investimos 1,5 milhão para os jovens de nossa denominação ao longo do ano passado". Essa é uma ótima declaração e um bom sinal, mas se de fato estamos perdendo uma geração, não importa o quanto tenhamos investido nos nossos jovens. Se ainda estamos perdendo pessoas, o que estamos fazendo simplesmente não é o suficiente.

O diretor nacional para a juventude da mesma denominação que fez a declaração anterior, mostrou-me um quadro e um gráfico demonstrando o crescimento do seu grupo jovem ao longo do período anterior de cinco a dez anos. Ele achava que estavam indo muito bem. Entretanto, depois de uma explicação completa, eu desenhei o gráfico do crescimento populacional dessa geração para ele. O crescimento da população total era muito maior em porcentagem do que o crescimento do seu ministério para a juventude. Embora eles comemorassem o crescimento denominacional, na verdade estavam perdendo terreno!

Nós estamos perdendo uma fatia do mercado e a igreja está comemorando! De acordo com um estudo realizado por Bill Easum em 2003, embora o número de igrejas nos Estados Unidos tenha crescido cinquenta por cento no último século, a população cresceu trezentos por cento.[2] Como podemos comemorar quando estamos perdendo os princípios cristãos em nosso país?

Em 1983, companhias gastaram 100 milhões de dólares em marketing direcionado aos jovens. Hoje, elas gastam cerca de 17 bilhões de dólares anualmente.[3] Não deveríamos nós trabalhar com o mesmo empenho — senão maior — do que as companhias como a MTV para alcançar e resgatar nossos preciosos jovens? Os jovens podem dizer, quando entram em uma igreja, se eles são valorizados, se as pessoas acham que vale a pena investir neles e os consideram suficientemente para que realmente se sintam membros valiosos daquela comunidade.

As Igrejas NextGen têm esse tipo de cultura. Elas criam um lugar seguro distante da tempestade cultural, onde os jovens podem florescer e conduzir o bastão do evangelho rumo ao futuro. Elas são o tipo de igreja com que os adolescentes querem estar profundamente envolvidos.

A visão que devemos abraçar é o sonho de que cem mil igrejas em todo o território dos Estados Unidos e em todo o mundo se transformem em igrejas NextGen. Você vai abraçar essa visão por amor à geração de seus filhos? Por amor ao nosso país?

Para ter acesso à experiência *Recriar* completa, visite o site www.battlecry.com para assistir aos vídeos e encontrar outras informações.

Capítulo 18

Visionários Para Deus

E, depois disso, derramarei do meu Espírito sobre todos os povos. Os seus filhos e as suas filhas profetizarão, os velhos terão sonhos, os jovens terão visões.

JOEL 2:28

Você pode estar pensando: *Eu não sou "legal". Não tenho nenhum piercing ou tatuagem. O que posso fazer para me relacionar com os jovens?* Muitos fazem essas mesmas perguntas. Como eu posso alcançar os jovens? O que podemos fazer para alcançá-los?

Bem, se você olhar para os executivos que dirigem a MTV (você pode fazer isso pela internet) verá que eles também não têm uma aparência "legal". Eles têm a aparência de executivos. Eles são os estrategistas, os idealizadores, as pessoas inteligentes, aqueles que planejam como exercer o máximo possível de influência e impactar milhões e milhões de jovens. Precisamos ser o correlativo cristão desses estrategistas seculares para adolescentes. Nós, pastores, líderes e anciãos, precisamos ser aqueles que se reúnem em torno da geração mais jovem e dizem: "Nós vamos tornar bastante difícil para eles irem para o inferno. Nós vamos descobrir onde eles estão, pelo que se interessam, como alcançá-los e onde eles estão passando seu tempo".

Você já notou como os executivos da MTV contratam pessoas "legais" para trabalharem em seus programas de tevê? Nosso trabalho é o mesmo: contratamos pastores "legais" para a juventude e estudantes de faculdade para mentorear nossos jovens e implementar as estratégias que ajudamos a delinear para ir em busca desses jovens. É inerente ao trabalho dos líderes da igreja o ato de passarem o bastão do evangelho para a geração seguinte. Assim, o pastor deve ver a si mesmo como o estrategista chefe para garantir a propagação do evangelho para as futuras gerações. Joel 2:28 é o versículo que geralmente ouvimos na igreja quando falamos sobre alcançar os jovens — quando pensamos sobre o quanto é necessário que um avivamento venha sobre a geração mais jovem. Nós nos entusiasmamos na expectativa de quando isso vai acontecer. Muitas pessoas dizem: "Sim, quero que meus jovens façam parte desse avivamento quando Deus realmente derramar Seu Espírito sobre a geração jovem".

Mas em vez de nos concentrarmos sobre essa parte de Joel 2:28, quero chamar sua atenção para a frase "os velhos terão sonhos".

Eu costumava passar por cima dessa parte do versículo a maior parte das vezes por estar muito entusiasmado com a parte que fala dos jovens. Eu pensava: *Ainda vai demorar um bom tempo para que eu seja velho, portanto não vou falar ou pensar sobre os velhos que terão sonhos.* Mas são os velhos *da nossa sociedade* aqueles que sonham para a geração mais nova; sendo assim, devem ser os velhos *na igreja* aqueles que sonham, envolvem-se e cuidam da geração mais nova.

Eles Não Pediram Este Lixo

Quando pensamos na artilharia pesada da cultura golpeando nossos adolescentes, seja por meio das coisas que são vendidas e escritas para eles como filmes e músicas, seja por meio da pornografia acessível a um clique do cursor na tela do computador, em uma coisa todos nós concordamos: *Não foram os nossos filhos que inventaram essas coisas.*

De modo geral, cada uma dessas influências sociais, seja entretenimento da mídia, invenções ou oportunidades na internet que estão destruindo os jovens — todas essas coisas foram concebidas pela geração mais velha. De diversas maneiras esses sonhadores mais velhos estão vitimando nossos jovens porque têm muito dinheiro para gastar. Eles, os mais velhos, apelam para os desejos mais básicos dos jovens para fazê-los gastar dinheiro. Mas o fato é que os jovens não pediram este lixo. São pessoas tentando ganhar montanhas de dinheiro que têm vendido esse lixo a eles. Evidentemente, esses indivíduos nos dirão: "Se as pessoas não comprassem, nós não faríamos", como se fosse uma obrigação moral vender para as pessoas coisas que irão destruí-las pelo simples motivo de que elas vão querer comprar essas coisas.

Como resultado, os jovens pensam: *Eu quero minha MTV.*[1] Será realmente na "MTV deles" ou na MTV de outra pessoa que eles encontram sua identidade? Os jovens dizem: "Eu quero aquela calça. Eu quero aquela música. Eu quero aquele CD novo". Alguém fez com que eles se sentissem importantes levando-os a achar que a empresa está fazendo alguma coisa "especialmente para eles". Em consequência disso, os jovens assimilam e digerem letras de música, valores e um estilo de vida que os destrói completamente. (Por favor, note: eles não pediram essas coisas; eles foram provocados por elas e isso criou neles a vontade de desejá-las. A geração secular de pessoas mais velhas foi que concebeu essas ideias perversas para seduzir e atrair nossos jovens.)

Novamente, faço a pergunta: *Nós não somos visionários?* Não podemos nós, pessoas que amam a Deus, ter uma visão, um sonho para os jovens de nossas igrejas? Não podemos ter uma visão, um sonho para os jovens de nossas comunidades? Somente a cultura secular é capaz de sonhar para nossa juventude?

Visionários Para Deus

Em Joel 2:28 vemos que os velhos terão sonhos. Como seria contarmos com cem, quinhentas ou mil pessoas no grupo de jovens da nossa igreja? Como seria contarmos com uma equipe de louvor maravilhosa para os cultos de quarta-feira à noite onde nossos jovens se enchessem de amor a Deus? O que seria necessário fazer para termos ônibus que apanhassem os jovens que não têm carona para virem à igreja nos domingos pela manhã e às quartas-feiras à noite? Fico imaginando: *Se Deus realmente quer tocar e resgatar essa geração mais nova, será que Ele não está esperando que os velhos, todos os adultos, as mães e os pais, sonhem em favor desses jovens? Seremos nós os sonhadores?* Se você não sonhar dessa maneira, a juventude não virá.

E você? Você pode sonhar com jovens que mal podem esperar para estar na igreja e que estejam arrastando seus amigos consigo? Você pode sonhar com seus filhos ansiosos por convidar pessoas, sem que seja necessário você dar um cascudo na cabeça deles? Onde estão as pessoas que podem ter um sonho grande o bastante que abranja todos os jovens de sua comunidade? Vamos lá! Nós podemos fazer isso juntos. Serão necessárias pessoas comuns como você e eu, mães e pais, homens de negócios e avós para dizer: "Eu creio que Deus quer fazer algo grandioso com os jovens desta comunidade e eu quero fazer parte disso".

Amo o conceito de "Central de Sonhos" que Tommy Barnett e seu filho Matthew conceberam e que está sendo adotado por igrejas de todo o país. É um centro de ajuda humanitária para pessoas desamparadas.[2] Na verdade, todas as nossas igrejas deveriam ser *uma central de sonhos* para jovens, sonhando em resgatar esta geração mais nova. Isso não é apenas uma obrigação — "É melhor eu fazer isso ou eles vão se perder". Deus está operando e Ele quer derramar Seu Espírito. Ele está esperando que alguém se levante com um sonho para a nossa juventude.

O sonho não pode ser apenas para os jovens de nossa igreja, mas também para todos os jovens da comunidade. Como seria uma central para a juventude? O que se tornariam esses jovens? Rapazes e moças que fariam viagens missionárias, mudariam o mundo, influenciariam suas escolas, iniciariam ministérios, escreveriam livros e fariam grandes coisas para Deus ainda na juventude. Precisamos nos livrar da mentalidade "vamos apenas tentar aguentar os nossos" e achar que somos bem-sucedidos só porque entre os nossos filhos não há nenhuma garota grávida ou alguém nas drogas. Que tipo de mentalidade é essa? É a mentalidade da sobrevivência. Nós precisamos, com todo o empenho, sonhar com algo maior do que nós mesmos e impetuosamente buscarmos esses jovens! Precisamos ser atraídos e absorvidos pela ideia de como poderemos conquistar o coração desta geração antes que o mundo o faça. É isso o que deveria governar a nossa vida. É isso que fazem os visionários. Eles estão constantemente debatendo e criando novas ideias, procurando saber o que Deus quer fazer e como Ele quer usá-los para fazer isso. Visionários sonham.

E Se...

Um visionário é alguém que pergunta: "E se...?". É como o filho de Saul, Jônatas, que disse ao seu escudeiro: "E se Deus quiser nos livrar?".[3] Jônatas era um visionário. Precisamos ser como ele e perguntar: *"E se* Deus quiser mil jovens na minha igreja?". Talvez Ele queira dois ou cinco mil. *E se* Deus quiser fazer algo grandioso com os jovens nas manhãs de domingo? Como seriam os nossos cultos? *E se* Ele quiser usar a sua igreja como central de resgate para uma geração? Quando eles vierem para a igreja, o que vocês farão com eles? Como a igreja os discipulará? Como a igreja os treinará para serem líderes e discipularem outros jovens? Pergunte: e se... somente *e se* Deus quiser fazer isso? O que isso significaria e o que todos nós deveríamos fazer para estarmos prontos e sermos uma parte importante para fazer com que isso aconteça?

Começa Pelos Pastores e Líderes da Igreja

Os pastores e líderes da igreja devem indicar o caminho. Sei que muitos milhares de pastores e líderes já embarcaram nessa visão quando eu compartilhei tudo isso em inúmeras conferências nacionais de pastores-presidentes. Foi tocante ver literalmente centenas de pastores enxugando os olhos ao se conscientizarem de que estiveram concentrando o foco nos adultos, esquecendo-se dos jovens. O futuro de suas igrejas e da Igreja nos Estados Unidos está em jogo.

Pastores, vocês exercem uma grande influência na mente e no coração de todo o corpo da igreja, e não apenas porque vocês controlam os cordões da bolsa; claro que vocês fazem isso, juntamente com o quadro diretor de membros. Estou falando sobre como as pessoas veem e pensam a respeito do que é visível. Se o pastor adota e abraça um interesse pelos jovens, ele continuamente exibe essa mensagem diante da igreja, por meio de videoclipes, declarações, anúncios em boletins, histórias e testemunhos. "Longe dos olhos, longe do coração" é um ditado que soa verdadeiro. E quanto mais nós, pastores, colocarmos a mensagem diante dos membros da nossa igreja, mais seu coração vai se envolver e sentir o mesmo tipo de interesse. Não se trata de apenas fazer uma declaração do tipo: "Ouçam, agora nós vamos ser uma igreja voltada para a juventude." É preciso que haja um trabalho incessante de persuasão junto à congregação, e tudo começa com o pastor, com os diáconos e os líderes sendo visionários e sonhando.

Este é um momento decisivo para *sermos visionários*, uma vez que já vimos que *os visionários dominam a cultura no aspecto negativo.* O sonho seduz as pessoas. Quando você começar a agir de acordo com o sonho que Deus lhe deu, os jovens serão atraídos e desejarão fazer parte da sua igreja. Comece por envolver os jovens que já fazem parte de sua igreja e desperte neles o entusiasmo pela igreja de tal forma que eles se sintam compelidos a trazer seus amigos. Quando os líderes da igreja começarem a sonhar, você então poderá ajudar a congregação a escolher o seu sonho. Como seriam nossas igrejas se realmente nos tornássemos igrejas NextGen? Pense em quantos jovens abatidos que estão sofrendo poderiam ser ajudados por uma igreja cujo coração esteja voltado para eles, como declara Malaquias.[4] O coração dos jovens de sua comunidade se voltará para você e para Cristo porque você os priorizou o bastante para sonhar em favor deles e fazer com que o sonho se realizasse.

Planejando o Sonho

Os ministérios Teen Mania oferecem materiais para ajudar as igrejas a sonharem e projetarem um plano juntos para fazer com que o sonho se transforme em realidade. Está tudo no livro Revolution Youth Ministry (Ministério Jovem Revolucionário) e em um curso chamado Double Vision (Visão Duplicada). (Você pode encomendar esses materiais online no endereço www.battlecry.com.) Adquirir o curso Double Vision (Visão Duplicada) é o mesmo que ter um workshop em uma caixa. Gostamos de dizer que quando você gastar um dia com os seus líderes e este curso, terá um plano de doze meses para *duplicar e discipular* seu ministério jovem.

O plano mais amplo da Double Vision para reverter a condição geral que temos nos Estados Unidos é similar ao plano que nações ao redor do mundo estão começando a implementar: concentrar o foco sobre a juventude. Nas igrejas locais, precisamos começar a focar a juventude como nunca.

O que significa concentrar o foco? Não significa simplesmente enfatizar alguma coisa ou falar sobre ela. Significa adotar ações.

Que tipo de ação? Precisamos alcançar mais jovens.

Quantos mais? O máximo possível.

Esse é o desafio que começamos a lançar aqui. Quando treinamos líderes para a juventude, pedimos a eles que estabeleçam a meta de *duplicar* o tamanho de seu grupo ao longo do período dos próximos doze meses, sendo firmes ao fazer desses jovens *discípulos,* inabaláveis seguidores de Cristo que amam a Palavra de Deus. Se apenas *duplicarmos* seu número, acabaremos por ter uma igreja cheia do que eu chamo de cristãos "hurra!". Essas pessoas encherão a igreja com entusiasmo e aclamações, mas, na verdade, ainda estarão vivendo como incrédulos, porque a Bíblia ainda não se tornou a bússola de sua vida. Elas ainda pensam que a Bíblia é o pequeno "livro de sugestões" de Deus e que podem escolher fazer ou não fazer o que a Bíblia diz. *Discipular* significa treinar os jovens, ensinando-os a amar Jesus e Sua Palavra de maneira tal que mudem seu modo de viver para ajustá-lo ao que Ele diz que deveriam fazer na Bíblia.

Portanto, quando falamos em "duplicar e discipular" estamos realmente convidando as igrejas a embarcarem nessa visão dizendo: "Tudo bem, podemos fazer isso. Podemos aumentar nosso grupo jovem de dez para doze. Podemos aumentá-lo de vinte para quarenta". Não estamos enfatizando apenas o tamanho dos grupos, mas também treinando pastores de jovens para começarem realmente a discipular e edificar firmemente seus jovens a fim de que possam defender sua fé e transmiti-la de forma atrativa.

Para ter acesso à experiência *Recriar* completa, visite o site www.battlecry.com para assistir aos vídeos e encontrar outras informações.

Capítulo 19

A Anatomia de uma Igreja NextGen

Ao se tornar NextGen, uma igreja terá um ministério para jovens crescente e próspero, que estará duplicando e discipulando seus membros, mas não é só isso. Toda a igreja estará agrupada em torno dos jovens. Os membros sentem que não é uma tarefa apenas do pastor de jovens ou do pastor titular; essa tem sido a *missão da igreja* desde o início — transmitir a fé a toda uma nova geração.

Ingredientes de Uma Igreja NextGen

Vamos analisar quais são os ingredientes essenciais de uma igreja NextGen e depois veremos vários exemplos de igrejas que estão demonstrando esse tipo de urgência e produtividade para alcançar os jovens.

1. Uma Igreja NextGen Tem Consciência da Urgência em Alcançar os Jovens

Em uma igreja NextGen, toda a congregação compreende a urgência de alcançar esta geração. O que está em jogo caso nos tornemos uma nação pós-cristã é tão imenso que você, como corpo da igreja, estabelece um plano para resgatar tantos adolescentes quanto possíveis.

Todos os adultos na igreja foram cuidadosamente instruídos para compreender a urgência que se torna o mais importante propósito da igreja. Como mencionei anteriormente, manter sua igreja constantemente atualizada por meio de estatísticas, histórias e testemunhos do que está acontecendo com os jovens, com depoimentos ao vivo ou videoclipes, faz com que a urgência permaneça diante dos olhos das pessoas.

2. A Igreja NextGen Planeja Agressivamente o Crescimento do Ministério Jovem

As igrejas NextGen assumiram a tarefa de não apenas mostrar interesse pela juventude, mas também de agir. Se quisermos recriar a fibra desta geração, precisaremos fazê-lo com uma pessoa de cada vez, uma igreja de cada vez. Planejar uma estratégia agressiva para duplicar seu ministério jovem exigirá o envolvimento de toda a igreja. Sim, você deve estar comprometido com o ministério jovem o bastante para fazer com que um número suficiente de voluntários se disponha a apoiar o pastor dos jovens. A igreja inteira deverá oferecer-lhe suporte — orando, cuidando, oferecendo ajuda voluntária e ofertando dinheiro.

Estabelecemos o desafio de termos cem mil igrejas duplicando e discipulando seus grupos de jovens todos os anos durante os próximos cinco anos. Cerca de três mil igrejas estão de alguma forma nesse processo no momento em que escrevo este livro.[1] Existem muitas histórias empolgantes de igrejas que estão realmente fazendo isso e vamos compartilhar algumas com você no próximo capítulo. Estão incluídas tanto grandes quanto pequenas congregações. Algumas igrejas começaram com um grupo de dez jovens e acabaram com vinte ou até cinquenta! Existem igrejas que começaram a duplicar e pensaram que isso levaria um ano, mas acabaram dobrando em dois ou três meses.

A boa notícia é que qualquer pessoa pode fazer isso com os materiais do curso DoubleVision que mencionei no fim do capítulo anterior. Este livro e o curso compõem uma oficina que mostra aos líderes de jovens como transformar em realidade o sonho de um ministério para jovens, planejando e depois executando o plano. Em vez de apenas apaziguar nossos jovens entretendo-os enquanto "cumprem sua sentença" na igreja, é hora de sonharmos e sairmos em busca desses jovens em nossa comunidade, delineando um plano para duplicar seu número e discipulá-los. Esse é um ingrediente-chave para a igreja NextGen.

3. A Igreja NextGen Envolve Todas as Pessoas

Com todas as pessoas da igreja sentindo a urgência, o próximo passo é expor a visão constantemente e convidar pessoas da congregação para aderirem ao plano de duplicar e discipular. Serão necessários mentores e pessoas para fazer biscoitos e bolos. Serão necessários motoristas, além de pequenos grupos de introdutores. Pessoas para imprimir materiais e distribuí-los, pessoas que amem e dediquem sua vida aos jovens serão necessárias. Os ministérios para homens, mulheres e idosos precisam se envolver com a visão de cativar os jovens. Não existe um só ministério em sua igreja que não tenha um papel vital no que se refere a tocar e resgatar a geração jovem. A urgência do momento exige isso.

4. O Culto de Domingo da Igreja NextGen Reflete Seu Compromisso Com os Adolescentes

É preciso que nossos cultos de domingo atraiam intencionalmente os jovens por meio da música e da mensagem, envolvendo-os no próprio culto — com os adultos cercando-os com um espírito amoroso, abraçando-os, orando por eles quando vêm à frente para entregar o coração a Jesus. Um jovem não precisa frequentar uma igreja assim durante muito tempo para perceber que de uma maneira muito real ele pode dizer: "Espere um pouco, eles me amam! Todos eles se interessam por mim".

Isso não quer dizer que os nossos cultos de domingo irão se transformar em cultos para os jovens, mas sim que os *adultos deixarão de lado algumas de suas preferências.* Pense nos idosos de sessenta a setenta anos que prefeririam cantar "Alvo Mais que a Neve" quatrocentos domingos seguidos, mas escolhem ouvir um louvor um pouco mais moderno, em um estilo que não é o da sua preferência, apenas pela alegria de ver jovens louvando com todo o coração. Eles têm a certeza de saber que estão colocando com firmeza o bastão nas mãos da próxima geração.

É hora de nós, que fazemos parte da geração mais velha, deixarmos de lado nossas preferências que achamos "santas". O estilo não determina o que é santo. A Palavra de Deus é santa. A verdade é santa. Fazer com que a verdade de Deus seja comunicável para uma geração mais jovem é o nível mais elevado de virtude em que podemos viver para tornar o evangelho acessível para a próxima geração.

Alguns Exemplos de Igrejas NextGen

Em que ponto está a sua igreja quanto a estas quatro características — *alcançar, crescer numericamente, envolver todas as pessoas, refletir compromisso?* Ao trilhar o caminho para se tornar uma igreja NextGen, é importante fazer com que essas quatro características ocupem a primeira posição entre as prioridades de sua igreja. É preciso monitorar constantemente e edificar a partir do nível em que você está neste momento, em cada uma dessas quatro áreas. Agora vamos ver alguns exemplos de igrejas que estão fazendo um bom trabalho para tornarem-se NextGen.

Hillsong Church - Sydney, Austrália

Já mencionei anteriormente que a Hillsong, na Austrália, é uma grande igreja. Desde o início, ela se voltou para a juventude. Muitos de vocês já ouviram falar da líder de louvor Darlene Zschech e de suas músicas de adoração, inclusive a mais conhecida "Shout to the Lord" (Aclame ao Senhor). Mas logo começamos a ouvir falar sobre o ministério jovem Hillsong United e da Hillsong United Band, uma banda jovem que se transformou por si só em um fenômeno. Se você for à Hillsong em um domingo de manhã, vai sentir o espírito e o coração da juventude. Você vai sentir e ver um louvor vibrante, com jovens e idosos se regozijando igualmente. Você vai ouvir mensagens que fazem com que os jovens mal possam esperar para ouvir mais delas. Você verá o culto vibrante das noites de sexta-feira para adolescentes, desejosos de voltarem no domingo pela manhã. É como se houvesse um avivamento todas as semanas. Você vai ver uma igreja inteira que ama os jovens, ansiosa para se envolver e se dispor para ajudar o ministério com os jovens. Você vai ver pessoas idosas se regozijando com a afluência dos jovens à frente da plataforma para adorar ao estilo rock, louvando com composições que podem não fazer parte de suas preferências musicais, mas eles descobrem a alegria de ver a próxima geração em peso celebrando a Deus.[2]

Como Mark Hopkins, diretor do Hillsong International Leadership College, recentemente disse a mim: "Decidimos, como igreja, que toda a nossa experiência giraria em torno de alcançarmos a próxima geração, e não apenas agradarmos a nós mesmos. Isso está inscrito no DNA de tudo o que fazemos. Nosso louvor, nossa pregação e nossos programas estão todos focados em alcançar a próxima geração".

Prestonwood Baptist Church - Dallas, Texas

O pastor-presidente Dr. Jack Graham sentou-se comigo depois que escrevi o livro *Battle Cry For a Generation* (Grito de Guerra Para Uma Geração). Nós tínhamos almoçado juntos para conversarmos sobre as questões reais que essa nova geração enfrentava. No fim da nossa conversa, ele me convidou a voltar e fazer uma apresentação do Battle Cry para todos os trezentos ou quatrocentos membros da equipe de sua igreja. Eu retornei alguns meses mais tarde e apresentei um seminário de três horas sobre "A Condição dos Adolescentes nos Estados Unidos" e o que pode ser feito a esse respeito. Eu os convidei para ser uma das igrejas que duplicam e discipulam.

O Dr. Graham levantou-se depois de mim e proclamou que o ano seguinte, 2007, estava sendo declarado o Ano do Estudante. Ele desejava que toda a igreja se reagrupasse em torno dos ministérios com os estudantes. Ele de fato apontou para os diferentes departamentos representados no recinto aquele dia e disse: "Quero que vocês, do ministério de mulheres, se envolvam com ministério de jovens; e também vocês, do ministério sênior, encontrem uma maneira de estarem envolvidos com o ministério de estudantes". Depois eles tiveram um período de oração e toda a equipe do ministério de estudantes veio à frente e todos os demais oraram por eles. Durante o ano inteiro, eles celebraram o Ano do Estudante. Isso ficou bastante visível diante de toda a congregação que chega a mais de vinte mil pessoas. Todos na igreja ficaram sabendo sobre o Ano do Estudante. "Como igreja, estamos buscando os jovens", era a mensagem constante.

Falei recentemente com eles sobre o ano de 2008. O Dr. Graham o proclamou como o Ano do Evangelismo. Uma vez que a maioria das pessoas chega a Jesus antes dos seus vinte anos, é quase como ter um novo ano do estudante. O Dr. Graham foi muito inteligente, você não acha? Ele também usou sua influência para fazer com que outros pastores do seu círculo de amizade se envolvessem no *Battle Cry* e com a causa de alcançar a juventude. Ele usou sua credibilidade para levar as pessoas de seu relacionamento a captarem a visão e a urgência de se alcançar os adolescentes agora. Ele fez isso consciente de que não se trata apenas da sua igreja; é o Corpo de Cristo reunindo forças para resgatar esta geração.[3]

New Life Church - Colorado Springs, Colorado

Como você deve saber, a igreja New Life foi onde ocorreu um tiroteio em dezembro de 2007. Penso que isso queria dizer que o inimigo está matando nossos jovens fisicamente. Também é um símbolo daquilo que ele está fazendo com a juventude na guerra cultural que travamos. Não penso que tenha sido por acaso que jovens tenham sido alvejados em uma igreja que durante anos manteve realmente o foco concentrado sobre os jovens. Eles normalmente têm mais de mil e quinhentas pessoas em seu grupo de jovens todas as semanas e estão crescendo e prosperando. Eles estabeleceram o objetivo de duplicar e discipular.

Na New Life, o ministério jovem foi separado em pequenos grupos para discipulado, e os cultos de domingo também são voltados para os jovens. Embora não seja um culto para a juventude, os jovens tomam a frente da igreja durante o louvor e se sentem empolgados por estarem ali. *Eles sabem que essa é a igreja deles* e não apenas a igreja dos mais velhos. Eles estão louvando a Deus com entusiasmo e amando-se uns aos outros. Eles formam uma família. Definitivamente, possuem uma cultura jovem e um Cristianismo apaixonado que abraçam integralmente e anseiam por expressar corporativamente todas as semanas. O restante da igreja se alegra com o fato de tantos jovens serem afetados pela igreja.[4]

Bethany World Outreach Center - Baton Rouge, Louisiana

O Pastor Larry Stockstill advogou em favor dos jovens durante muito tempo. Seu filho Joel é o pastor dos jovens. Como igreja, eles estão muito concentrados em pregar a Palavra de Deus, mas também têm um louvor vibrante e entusiasmado. Há alguns anos eles decidiram adotar a estratégia de pequenos grupos, onde Joel tinha doze pessoas para discipular. Depois, aqueles doze deveriam discipular outros doze, que também discipulariam mais doze. Eles chamaram essa estratégia de grupos de células de "O Princípio dos 12". Decidiram também que voltariam o foco para o evangelismo todos os anos entre os meses de setembro a dezembro, trazendo para a igreja jovens não salvos, com o objetivo de levá-los a Cristo. Depois disso, eles abandonariam o foco evangelístico, e de janeiro até maio se concentrariam em discipular todos os nascidos de novo, transformando-os em seguidores apaixonados de Cristo, fazendo com que aprofundassem suas raízes espirituais. Os meses restantes seriam gastos com o planejamento do foco evangelístico para os meses de setembro a dezembro seguintes.

O fruto dessa estratégia nos últimos anos tem sido fenomenal. Hoje eles ministram regularmente para cinco mil jovens em um de seus grupos ou em eventos semanais. Esse é somente o número de jovens, sem incluir os adultos. Os mais velhos se agruparam em torno da paixão e do foco concentrado nos jovens de sua igreja.[5]

Fellowship Church - Dallas, Texas

O Pastor EdYoung Jr. fez um grande trabalho ao retratar como deve ser uma igreja NextGen. As manhãs de domingo têm muito a ver com os jovens, desde a banda que ministra o louvor até as ilustrações das pregações e a criatividade demonstrada. Pessoas de todas as idades amam histórias e lições objetivas. O Pastor Young recusa-se a simplesmente oferecer princípios da verdade de Deus sem demonstrações visíveis de como viver segundo essa verdade. Evidentemente isso cativa os jovens, mas também envolve pessoas de todas as idades. Eles estão muito comprometidos com o ministério jovem, tendo investido grandes quantias de dinheiro na construção de um maravilhoso centro e programas dinâmicos para a juventude que estão transformando vidas.[6]

The City Church - Seattle, Washington

O pastor Wendell Smith tem uma igreja próspera com edifícios por toda a área de Seattle. Seu filho, Judah Smith, é o pastor dos jovens. Eles também têm um florescente ministério para jovens em várias localidades. Quase todos os dias da semana centenas de jovens se reúnem em diferentes partes da cidade. Uma vez por mês ou a cada quinze dias todos se encontram. Quando esses dois ou três mil jovens se reúnem em um só local, ocorre uma explosão de celebração e entusiasmo. Eles têm um programa para "discipulado avançado" no qual podem inscrever-se jovens entre dezoito e vinte anos, para estarem ativamente envolvidos em discipular outros em diferentes partes da cidade. A igreja inteira se regozija com os frutos que estão vendo.[7]

A Cultura das Igrejas NextGen

Existem muitas igrejas menores em todo o país que decidiram se tornar igrejas NextGen. Leia a respeito de algumas atitudes e atividades que elas estabeleceram para fazer com que os jovens se sintam valorizados.

Joanie Aprill - Immanuel Fellowship em Frisco, Colorado[8]

"Durante meus anos de crescimento, minha família mudou-se frequentemente e trocou de igreja ainda com mais frequência. A maioria das igrejas que conhecemos estava focada nos adultos e não oferecia muito para os jovens, e isso parecia normal para mim. Esperava-se que os adolescentes e as crianças apenas se comportassem. Quando eu tinha doze anos, começamos a ir a uma nova igreja que parecia não fazer as coisas do mesmo jeito que as outras igrejas que frequentei. Os jovens participavam da maior parte das coisas que a igreja fazia e eram valorizados como pessoas e como membros. Eu sentia como se todos — não apenas os pastores —, mas todos os adultos se importassem comigo. Eles se preocupavam com o que estava acontecendo em minha vida e na minha caminhada com o Senhor. A igreja era muito unida. Os adultos valorizavam os jovens e esses respeitavam os mais velhos. Jamais estive em um lugar tão revigorante".

Sarah Neumann - Lake Point Bible Church em Plymouth, Michigan[9]

"Durante meus anos de crescimento fui a uma igreja que realmente fazia com que o grupo de jovens se sentisse envolvido. Tínhamos um pastor bastante comprometido com a juventude. Ele nos levava a acampamentos cristãos e a viagens missionárias. Depois de uma dessas viagens, no domingo seguinte, ele fazia com que nós apresentássemos um resumo sobre a viagem para o restante da igreja. Às vezes, também se permitia que os jovens apresentassem peças divertidas diante da igreja para apoiar a mensagem do pastor. Nossa igreja também estava envolvida com um acampamento bíblico, e os jovens sempre eram estimulados a comparecer.

Lembro-me de quando o pastor pediu-me que fizesse parte da equipe de louvor, embora eu tivesse apenas treze anos na época. Havia um quadro de avisos na parede para afixarmos fotos dos eventos e uma parede na sala dos jovens onde os membros do grupo podiam pintar seus nomes. Nosso pastor também era cheio de energia e dinamismo. Minha igreja sempre esteve interessada e envolvida com os jovens, e isso era muito encorajador."

Sarah Garnett - Zion Evangelical Lutheran Church em Worland, Wyoming[10]

"Mudei-me algumas vezes e fiz parte de algumas igrejas muito boas. A que mais me impactou foi a Zion Evangelical Lutheran Church in Worland, Wyoming; era uma das igrejas mais amorosas e generosas que conheci. Eles davam grande apoio aos jovens da igreja, enviando-os para os eventos *Acquire The Fire* e para viagens missionárias e estavam sempre dispostos a nos ajudar em oração no que precisássemos. Eles realmente apoiavam os jovens. Eles auxiliaram uma jovem da igreja a ir para a escola de Missões Bethany, em Bloomington, Minnesota. Sou muito grata pela amorosa família da igreja que tenho em Wyoming. Embora viva no Texas agora, eles sempre serão a minha família na igreja".

Capture a Visão

Tornar-se uma igreja NextGen não é um sonho difícil de acreditar; algumas das maiores igrejas do país já estão fazendo isso. Muitas das igrejas menores também estão captando essa visão. É preciso muitos de nós trabalhando juntos, mas podemos fazer isso. É tão gratificante quando sua igreja se torna um hospital para uma geração quebrantada e fica cheia de vida, paixão e determinação para resgatar os jovens! Se você focar a geração mais nova, mostrando a eles que você os ama, eles vão responder. Eles virão para Cristo. Quando sabem que são queridos e valorizados, eles se envolvem alegre e profundamente, tornando-se integrantes do Reino de Deus que levam a mensagem de Cristo rumo ao futuro, para o mundo inteiro.

Capítulo 20

Igrejas que Rompem Com os Padrões: Histórias do Double Vision

Nós temos falado sobre duplicar em número e discipular seu grupo de jovens. Ao nos tornarmos os visionários para esta geração, precisamos ter um sonho que seja maior do que o sonho que o mundo tem para eles. Você ousa imaginar que seu grupo de jovens pode dobrar de tamanho? Pode imaginar o mesmo acontecendo no próximo ano, e no seguinte, e no outro? Os grupos jovens nos Estados Unidos têm em média de dez a doze membros.[1] Duplicar esse número pelos próximos cinco anos é possível. Faça as contas: de 10 para 20, de 20 para 40, de 40 para 80, de 80 para 160 e de 160 para 320.

Sei que é difícil imaginar seu grupo aumentando de 10 para 320 no curto período de cinco anos. Não pense assim; apenas imagine o grupo dobrando de 10 para 20. O que vai ser preciso para isso? É totalmente possível fazê-lo, porque existem grupos de todos os tamanhos nas igrejas que estão fazendo planos e duplicando seus jovens neste exato momento. Não há motivo para que você não possa fazer o mesmo. Em uma igreja NextGen, aqueles jovens que chegam e ainda não são cristãos no momento, encontrarão um lugar onde gostem de estar e ficarão ansiosos para falar sobre ele aos amigos.

Duplicar e Discipular

Vamos ver alguns líderes que aceitaram o desafio para duplicar e discipular e que realmente estão conseguindo essa façanha. Eles estão alcançando jovens antes não alcançados e o ministério jovem que antes não saía do lugar, apesar de todos os esforços, agora cresce e prospera, explodindo tanto em número quanto em profundidade espiritual.

Pastor Joshua Shaw: 7 Para 70 em dois anos - Grupo Jovem "Emergir" (Pensilvânia)

O pastor Joshua Shaw é um maravilhoso pastor com o coração voltado para a juventude e uma visão para o seu grupo de jovens, que passou de 7 para 70 membros em dois anos. Esta é a história da experiência do pastor Joshua Shaw com a Double Vision.

Quando o pastor Josh optou por se tornar um pastor para jovens e mudou-se para a Pensilvânia, logo ficou consciente de que era o novato da cidade. Ele assumiu o posto do pastor de jovens anterior a quem se referia como o "Herói da Cidade". O pastor anterior era bastante conhecido na comunidade e tinha crescido naquela igreja. Porém, algumas coisas aconteceram na vida daquele jovem e lhe pediram que deixasse seu posto no ministério. É aqui que o pastor Josh entra em cena.

De início, todos pensavam no pastor Josh como um presente de Deus para o grupo de jovens — todos o amavam. Depois de três meses, ele percebeu que necessitava de uma visão e da ajuda de Deus para trabalhar com os jovens. Ele e sua esposa jejuaram por uma semana. Josh me disse: "Não era o jejum de Daniel; era um jejum somente com água". Eles passaram a semana buscando, orando e realmente sondando o que havia em seu coração para aqueles jovens. Eles saíram daquela semana com visão e propósito.

Eles seguiram o curso Double Vision e começaram a lançar a visão para os membros da igreja. Eles começaram a analisar as habilidades das pessoas e depois marcar aqueles indivíduos para que fizessem parte da visão e do sonho que Deus tinha dado para eles em relação ao grupo jovem.

O pastor Josh enfrentou muita crítica e ceticismo na primeira vez que detalhou o plano durante uma reunião de planejamento da igreja com seus líderes. Todos disseram que aquilo não iria funcionar e ponto final. Mas o Pastor Josh não desistiu. Depois de muita luta interna, os membros da igreja embarcaram na visão. O pastor Josh afirma que Deus ensinou a ele muitas coisas ao longo daquele período.

Eles começaram a trabalhar reformando a sala dos jovens, que agora é um espaço com cerca de setecentos metros quadrados para atender o crescimento na frequência. Os jovens estão entusiasmados e sentindo que fazem parte de algo realmente grande.

O conselho que o pastor Josh dá aos seus companheiros pastores é simplesmente este: "Permaneça humilde e focado, esteja próximo de Deus e faça do trabalho que você tem em mãos o trabalho dos seus sonhos". Ele sabia que Deus o tinha chamado para fazer o que estava fazendo, e seguiu em frente com a graça, o auxílio e o amor do Senhor.

O pastor Josh continua discipulando a juventude. Seu desafio é fazer com que a frequência seja constante e descansar em Deus quanto ao crescimento.

Os exemplos seguintes são citações escritas pelos próprios pastores de jovens que aplicaram os princípios do curso Double Vision.

Nancy Harris: 6 para 25 (Oregon)

"Seguir o planejamento do curso Double Vision realmente ajudou-nos a estabelecer uma boa base de líderes entusiasmados para alcançar e mentorear os jovens desta geração. O curso Double Vision é de longe o melhor que já encontramos. Ele nos ensinou passo a passo o processo para estabelecermos uma visão, desenvolvermos o sonho e melhorarmos o plano para o nosso ministério para a juventude. Em apenas seis meses fomos de apenas 6 adolescentes para 25 e, louvado seja o Senhor, ainda estamos crescendo!".

Ben e Heidi Uitenbrobk - 7 para 24 Jovens (Wisconsin)

"O Double Vision causou um grande impacto em nosso ministério jovem. O curso nos ajudou a lançar e desenvolver uma visão impactante para o nosso ministério. Já começamos a estabelecer, organizar e desenvolver uma equipe de líderes para prestar assistência aos jovens. Gosto da forma como o curso nos mostra exatamente como extrair informações sobre seus talentos e nos ensina, como pastores de jovens, a valorizar sua ajuda para fazer com que o ministério cresça.

Ao trabalharmos estabelecendo metas e desenvolvendo nossa declaração de missão, implementamos e definimos nossos valores essenciais. Também temos mantido o foco na adoração e recentemente iniciamos nossa equipe jovem de louvor. Temos interesse em missões e estamos planejando participar das viagens missionárias da Global Expedition neste verão. Tornamos a juventude parte da igreja e fizemos com que estivesse envolvida com campanhas de evangelismo, de modo que quando completarem dezoito anos nós não os percamos. Nossa oração é para que, mesmo depois do seu período conosco, eles continuem envolvidos ativamente em seguir a Cristo e derramem seu amor no mundo, da mesma maneira que fizemos com eles."

Donald Simms

"Nosso profundo interesse em alcançar a geração destes dias nos levou ao Double Vision. Adquirimos o curso, fizemos todas as oficinas e completamos os cadernos de exercícios. Estabelecemos metas e planos com a visão que queríamos para o nosso ministério e concordamos quanto a isso. Chegamos a esse ponto por volta de outubro de 2006; foi preciso o restante do ano para treinarmos nossos líderes. Começamos a aplicar os princípios em janeiro de 2007.

Deus EXPLODIU no coração dos nossos jovens, deixando-os famintos e desejosos do Senhor. Vimos uma grande mudança acontecer em suas vidas. Fizemos também um evento "De Volta à Escola", juntamente com alguns pastores de jovens locais, e compartilhamos com eles como o curso ajudou o crescimento do nosso ministério. Agora, a maioria deles já usou o Double Vision e está aplicando seus princípios em seus ministérios para jovens. Os jovens estão em fogo, empolgados com o que Deus está fazendo — algo raro de ver em muitos jovens atualmente.

Eles começaram a assimilar e a guardar a Palavra de Deus em seu coração, aplicando-a em sua vida. É um ótimo programa; o material é o melhor que já usamos e as informações são exatamente o que muitos ministérios jovens necessitam. Eu o recomendo enfaticamente a qualquer um que queira ver crescimento em seus jovens e levá-los a um relacionamento mais próximo com o Senhor".

Alan Didio (Carolina do Norte)

"O curso equipou meus líderes mostrando o que eles podem fazer para crescer. Eles adquiriram uma visão para a juventude. Esse curso abriu o coração dos líderes para que confiassem naquilo que a juventude pode realizar. Posso dizer que o grupo de jovens basicamente dobrou de tamanho desde que fizemos o curso há cerca de um ano. Fomos de 30 para 70 membros. Além disso, agora temos líderes adultos indo às escolas uma vez por semana para falar com os adolescentes que foram suspensos das aulas. Os recursos de multimídia que o Teen Mania oferece ajudam muito e fazem toda a diferença por serem ferramentas que uma igreja pequena não poderia reunir sozinha. Além disso, valorizo o fato de o ministério Teen Mania monitorar constantemente o que está ocorrendo no mundo. A informação ajuda a igreja a se manter um passo à frente da cultura".

Pastor Edwin Pacheco

"Em 2005, conheci o ministério Teen Mania e o Battle Cry por meio da rede TBN. Foi a mensagem de Ron Luce que acendeu o desejo de ver mudanças tangíveis em meu ministério. Ele compartilhou sobre as coisas assustadoras que nossa juventude está enfrentando...

Desde que ouvimos essa mensagem, nós do Ministério Jovem TRANSFORMADO, assumimos o encargo de alcançar a juventude de nossa cidade a qualquer custo. Não vamos comprometer a infalível Palavra de Deus, nem imporemos qualquer limite quanto a quem iremos ministrar. Estamos vivendo tempos desesperadores que deveriam levar-nos a romper com quaisquer 'regras religiosas' existentes com o objetivo de alcançarmos uma geração que está perecendo.

Os materiais Battle Cry e Double Vision nos ajudaram a definir inteiramente o nosso chamado. Já se passaram dois anos desde que adotamos a abordagem Battle Cry para ministrar, a qual desafia o jovem a resistir à sua cultura bem como grupos jovens para se tornarem ministérios. Nós temos feito isso e vimos mudanças drásticas. Temos visto adolescentes se tornarem completamente devotados a Cristo, Deus abriu as portas para entrarmos em escolas públicas de Ensino Médio e influenciarmos o ministério em toda a cidade...

Hoje, nosso ministério jovem cresceu em número e em maturidade. Enfrentamos agora o desafio de discipular um novo grupo com mais de sessenta jovens que acabam de chegar ao nosso ministério. Também lançamos a Visão 20/20, que é uma iniciativa da Coalizão Urbana de Trabalhadores Jovens para a adoção de escolas públicas. Ao longo do último ano, Deus também abriu as portas das escolas públicas de nossa comunidade e estamos construindo relacionamentos com os funcionários dessas escolas.

No que diz respeito aos nossos esforços locais, fizemos de nossa igreja e de nossa comunidade a nossa Jerusalém. Há mais de duzentos e cinquenta jovens em nossa igreja. Infelizmente, nem todos são salvos. Não vamos parar de trabalhar até que todos eles sejam salvos, fiquem cheios do Espírito Santo e se tornem os defensores de sua geração. Estamos planejando desenvolver um programa de evangelização para ministrar a moradores de rua, famintos e necessitados, que se sentirão atraídos pelos jovens. Também estamos sediando treinamentos de liderança para ministérios jovens com base nos recursos da Double Vision e da Battle Cry.

Se você quiser informações sobre o Ministério Jovem TRANSFORMADO e/ou o Bay Ridge Christian Center, por favor, visite www.myspace.com/transformednyc".

Bruce Simms - Elev8 Youth Ministry

Bruce Simms tinha o coração inclinado para os jovens treinamento não acadêmico em liderança jovem quando seu pastor lhe pediu para dirigir o grupo de jovens. De saída, ele já enfrentou alguns grandes obstáculos. "Não havia estrutura para o grupo de jovens. Vinham à igreja cerca de vinte e cinco jovens, mas apenas dois ou três tinham verdadeira paixão por conhecer Deus. Cerca de metade dos jovens aparecia nas noites de quarta-feira apenas para jogar e nem mesmo assistiam aos cultos".

"Sou o primeiro a admitir que quando comecei não sabia nada sobre o ministério para jovens. Meu pastor-presidente ficou sabendo sobre o Encontro de Liderança do Battle Cry do Ministério Teen Mania por meio de uma carta enviada por Jack Hayford", declara Bruce. "Fui ao encontro e vi o ministério dinâmico do Battle Cry e soube que teria de trazer os meus jovens para participarem do Acquire The Fire".

Para o encontro, Bruce comprou o Revolution YM (Revolução Jovem), um guia de grande impacto para o ministério de jovens. Bruce voltou com um ardor, uma paixão e ideias definidas sobre como sonhar, planejar e edificar um ministério jovem eficiente e com propósito.

Bruce estava pronto para transformar seu grupo. Ele comprou cem entradas para o evento Acquire The Fire, de Anaheim, obteve êxito em alavancar os recursos necessários para cobrir os custos e fez com que o grupo convidasse amigos. Quando chegou a hora, eles levaram noventa e oito adolescentes para o evento.

"Aquele evento mudou completamente e de forma dinâmica os nossos jovens. Sabíamos que não podíamos mais fazer as coisas na igreja da mesma maneira, e sabíamos que era preciso haver uma separação, uma mudança na forma como as coisas eram vistas e sentidas pelas mentes jovens".

Bruce trouxe sua equipe de volta do evento preparada para tratar com seriedade o ministério, embora algumas mudanças iniciais fizessem com que alguns adolescentes fossem embora. No outono de 2006, ele mediu o crescimento do grupo, que passou de vinte e cinco pessoas para cem em apenas três meses. No outono de 2007, ele estava analisando a frequência e percebeu que agora a média era de duzentos jovens discípulos por semana assistindo aos cultos.

Mas Eu Não Sou Pastor. O Que Posso Fazer?

Talvez você esteja pensando: "Mas eu não sou pastor nem pastor de jovens, o que posso fazer? Acho que não tenho um papel em tudo isso". Você é um *defensor.* Se você chegou até este ponto do livro, significa que existe um desejo que Deus está ativando em seu coração para que você faça algo a fim de resgatar os jovens.

Muitas dessas igrejas NextGen começaram com um defensor assim como você. Você pode se tornar um defensor dos jovens de sua igreja e em sua comunidade. Encontre seu pastor de jovens e diga: "Estou disponível para você. Quero que saiba que vou fazer o possível para ajudá-lo a ministrar a esses jovens e resgatar esta geração". Isso será um imenso estímulo para ele.

Encorajo você a se tornar um defensor e pensar no que pode fazer para ajudar sua igreja a ser uma igreja NextGen. Muitas dessas igrejas NextGen foram influenciadas porque alguém (apenas uma pessoa comum como você, e não um líder da igreja) teve um coração compassivo para com os jovens. Eles adquiriram um livro que falasse sobre o ministério para os jovens e buscaram outras informações a respeito da juventude. Eles levaram isso a seus pastores, ao pastor de jovens e a outros membros da igreja e começaram a inclinar seu coração para os jovens. Ouvi falar de pastores que depois compraram um livro para cada um dos diáconos e presbíteros lerem. (Alguns chegaram a comprar livros para todos os policiais e professores de sua cidade). Eles relataram como suas igrejas abraçaram a visão e passaram a cativar profundamente seus jovens. Como resultado, o ministério voltado para os jovens cresceu exponencialmente. Tudo isso acontece por causa de um *defensor.* E agora esse defensor pode ser você!

A Influência de Um Defensor

Neste exato momento, pense em todas as pessoas que você influencia ou tem a possibilidade de influenciar. Como você pode fazer desse um desafio pessoal para você? Não se trata do desafio de Ron Luce, nem do seu pastor de jovens, é o seu desafio. Pense em todas as pessoas que você pode influenciar no seu trabalho. Pense nas pessoas que pode influenciar no seu estudo bíblico. Pense nas pessoas que pode influenciar tomando um café com o seu pastor ou alguns dos diáconos de sua igreja, ou ainda com alguns outros pais de adolescentes de sua igreja ou da escola de seus filhos. Pense em como influenciar os líderes de sua comunidade, seja o chefe de polícia ou o diretor da escola. É impressionante o modo como uma pessoa com uma paixão pode fazer um mundo de diferença em favor dos jovens. E quanto às outras pessoas de outras igrejas da cidade que você conhece e em todo o país? Nós precisamos de um exército de defensores em favor dos jovens que toquem os tambores em todos os lugares ao mesmo tempo, se quisermos resgatar esta geração!

Como defensor, a primeira coisa a ser feita é uma lista de todas as pessoas que você poderia influenciar devido ao seu relacionamento com elas e de todas as demais pessoas que possam ser influenciadas, quer você as conheça ou não neste momento. Depois, percorra a lista e descubra o que você pode fazer para envolvê-las. O próximo passo é percorrer a lista e agir em relação a cada nome.

Descubra como fazer com que livros e materiais cheguem às mãos daquelas pessoas que você quer influenciar.

Uma coisa é você compartilhar com as pessoas; outra é fazer com que fiquem muito bem informadas. Eu o incentivo a espalhar estrategicamente livros e materiais. Peça às pessoas para lerem o que você entrega a elas para que possam discutir o conteúdo. Mencione que você realmente quer saber a opinião delas sobre o que leram. Ao começar a falar com elas, diga: "Quem mais você acha que deveria saber sobre isso?". Assim, juntos, vocês podem pensar em pessoas com quem podem falar. Faça a lista primeiro e depois pense nas ferramentas que deseja ter disponíveis para começar a influenciar as pessoas.

Você também pode convidar uns poucos amigos da sua igreja para fazerem o curso de seis semanas para pequenos grupos de *Recriar*. Fica bastante fácil assistir aos vídeos e discutir juntos todos os assuntos com relação ao seu papel em alcançar esta geração.

A estratégia de duplicar e discipular descrita anteriormente, no processo de tornar-se uma igreja NextGen, pode ser motivada por um defensor da causa dos jovens que se recuse a permitir que seja fácil para os jovens de sua comunidade irem para o inferno.

Lembre que nosso trabalho, como participantes do Reino de Deus, é sair em busca desses jovens *com mais empenho do que o mundo tem tentado atraí-los.* Como defensor, você pode estimular essa paixão e ajudar a criar uma cultura em sua igreja mais poderosa do que a cultura que está no mundo. Nesse sentido, depois que um jovem se entrega a Cristo, ele encontra sua família há tanto tempo perdida — o lugar ao qual ele pertence, o lugar para o qual ele anseia voltar. Como resultado, ele e outros iguais a ele ficam protegidos do lixo do mundo e preparados para se tornarem defensores que irão influenciar sua geração atraindo-a para Cristo.

Para ter acesso à experiência *Recriar* completa, visite o site www.battlecry.com para assistir aos vídeos e encontrar outras informações.

PARTE III

Recriando Nossa Sociedade

Nós falamos sobre recriar a cultura de nossos lares para torná-la mais forte do que a cultura do mundo. Discutimos a criação de uma igreja com uma cultura de tal modo poderosa que vença a cultura secular; uma comunidade dentro da igreja onde os jovens se sintam seguros e se identifiquem com as coisas de Deus, e não com as coisas do mundo.

Agora é tempo de voltarmos nossa atenção para a influência que podemos exercer sobre a cultura em geral. Por que deveriam ser as pessoas com questionáveis valores éticos e objetivos que vão no sentido oposto dos valores bíblicos a força que molda a cultura em geral? Por que elas deveriam constituir os dois por cento que criam aquilo que os noventa e oito por cento acompanham? Por que deveriam elas ter permissão para moldar toda a nossa geração sem nenhuma admissão da verdade de Deus no âmbito da convivência nacional? Por que deveriam os seus valores dominar nossa cultura, quando existem tantos crentes (como você) com bons e sólidos valores?

É tempo de descobrirmos como fazer com que a nossa voz seja ouvida e voltarmos para o centro da discussão nacional, a fim de ajudarmos a mudar a direção para a qual nossa nação está caminhando.

Capítulo 21

Visionários Sempre Vencem (A Guerra da Cultura)

Estamos em uma guerra, quer gostemos ou não. A cultura está moldando nossos jovens e nós precisamos lutar para inserir os valores corretos na cultura e assim termos uma sociedade adequada em que eles possam crescer. Precisamos exercer nossa influência e defender aqueles que não têm pais que os protejam do abominável sistema de crenças da presente cultura. Precisamos estar disponíveis para adolescentes sem pais a fim de ensiná-los a enxergar além das mentiras desta cultura. Essa é uma batalha de ideias. É uma batalha de sonhos. *Aquele que tiver os sonhos mais convincentes ganha a guerra da cultura.* É aqui que nós, como crentes, devemos entrar na discussão nacional de ideias.

Não é preciso procurar muito para ver que a maioria das pessoas que moldam a cultura atualmente não tem muito respeito pela Bíblia ou pelos valores encontrados nela. Na verdade, a maioria dos que compõem os dois por cento é diametralmente oposta aos valores da Bíblia. É como se eles tivessem feito o máximo que podiam para tornar banais os vícios desprezados e depreciados na Bíblia. Para conseguir isso, construíram empresas sem valores morais com o propósito de vender coisas para os jovens, apenas por amor ao dinheiro. Esses sonhos estão se transformando em realidade.

Pode ser que nem todos estejam realmente pensando: *Nós queremos mudar o sistema de valores do nosso país,* mas a mídia e os produtos que eles fazem estão realizando isso. É possível que aqueles dois por cento estejam tão interessados em ganhar dinheiro que tenham decidido que não existe um modo certo ou errado de se fazer isso. "Vamos simplesmente fazer tudo o que pudermos para fazer com que as pessoas comprem", parece aceitável para eles.

Seja como for, nossos jovens são as vítimas. Quando nossos filhos ouvem quinhentas vezes uma música que fala como tratar uma mulher de modo obsceno, ou que ensina que a maneira de lidar com um problema quando se está irado é atirando em alguém, é inegável que isso exerça um efeito negativo no ouvinte.

Aqueles que atualmente moldam a cultura tiveram sucesso em ter um sonho e atrair a maior parte da geração jovem para a destruição.

Seja Um Solucionador de Problemas

Não é uma pessoa sozinha, uma organização ou corporação que está moldando a cultura. Nós mencionamos a Viacom anteriormente, mas existem cinco principais companhias de comunicação controlando a maior parte dos filmes e músicas do mundo. São elas a AOL Time Warner, a Disney, a Bertelsmann, a News Corporation e a Viacom.[1] Esses impérios da mídia, enquanto competem entre si pela maior fatia do mercado, continuam a enfraquecer a geração mais nova.

De certa forma, eles venceram a guerra da cultura. Eles dominaram a cultura. E fizeram isso sonhando alto e incorporando os jovens em seu sonho. Portanto, agora é a nossa vez de sonhar.

Tenho estimulado você a ter um sonho para sua família e recriar sua cultura; e a sonhar por sua igreja e pelos jovens de sua comunidade. Agora, é hora de ter um sonho pela cultura em geral.

Como cidadãos que temem a Deus, o que poderíamos fazer para ajudar a moldar nossa cultura? A tarefa parece ser gigantesca, quase impossível. Também parece impossível criar uma cultura na família que seja mais forte do que a cultura do mundo. Mas o fato é que podemos criar uma cultura em nossa família mais forte do que a cultura do mundo se formos proativos a esse respeito.

Agora temos outra tarefa *aparentemente impossível.* Por onde começamos? Precisamos ter um grande sonho para a parte da cultura que queremos afetar e, depois, arregaçar as mangas. Precisamos ser inteligentes quanto à nossa abordagem. Considere Rudy Giuliani na cidade de Nova York. Ele obteve avanços significativos ao livrar a cidade da pornografia, mas não do jeito que você pensa. Giuliani sabia que não poderia usar a "moralidade" como base para a remoção, porque as pessoas poderiam clamar por "liberdade de expressão". Sendo assim, ele fez com que aprovassem uma lei dizendo que não poderiam existir lojas de pornografia a menos de cento e cinquenta metros de uma escola ou a menos de trezentos metros de um local de culto religioso. Bem, existem dezesseis mil escolas na cidade de Nova York e milhares de igrejas e sinagogas! Com uma assinatura, ele fechou milhares de centros de distribuição de pornografia classificados como pornografia explícita.

Precisamos ser *inteligentes* quanto ao modo com que pretendemos mudar a cultura e torná-la melhor para nossa juventude. Precisamos nos certificar de que, como crentes, não agimos como acusadores. O dedo apontado da condenação é o que geralmente o mundo vê quando pensa em cristãos. Sendo assim, precisamos apresentar para discussão ideias criativas que ajudem a apontar soluções. Precisamos fazer mais do que pregar: precisamos ser solucionadores de problemas.

Seu Sonho é a Sua Voz

Se quisermos ter voz ativa para redirecionar nossa cultura e nossa nação, não podemos somente levantar problemas; precisamos apresentar soluções e maneiras criativas para convencer a juventude e a indústria a se unirem em torno delas e acreditarem que todos nós podemos fazer diferença.

O executivo de uma grande companhia de perfumes entrou em contato comigo; ele tinha visto o artigo de capa da *New York Times* sobre esta jovem geração.[2] O artigo trazia uma foto de jovens de joelhos entregando o coração a Jesus. Ele falava sobre a batalha que está sendo travada com esta geração, e eu fui entrevistado sobre isso. O executivo que telefonou para mim teve a ideia de fazer um perfume que inspiraria os jovens a serem puros e não inclinados a buscarem uma aparência sexy e a mostrarem o corpo. Depois de muita pesquisa, ele descobriu que os jovens (e não somente os cristãos) *gostariam de comprar* uma fragrância que os ajudasse a aspirar serem puros do mesmo modo como fariam para parecer sexy e mundanos. Assim, nós agora estamos trabalhando junto com eles nesse sentido. Pense só nos marqueteiros e mas marcas competindo entre si para ver quem tem a fragrância mais virtuosa! Este é um exemplo importante de como começar a moldar a cultura.

Não podemos apenas dizer que não gostamos de algo ou que gostaríamos que isso ou aquilo fosse diferente. Devemos ser aqueles que têm um sonho para os jovens que estão nas drogas ou para as garotas que estão grávidas em nossa comunidade. Vamos ter a visão de como podemos ajudar os adolescentes a lidarem com outras questões. Se não gostamos que eles fiquem perambulando em certas áreas da cidade, precisamos criar um lugar sadio para eles estarem e que produza o ambiente que queremos para eles.

As pessoas seguem sonhos, não diretrizes. Elas não querem fazer o que é ordenado ou o que deveriam fazer. Mas elas farão aquilo que forem inspiradas a fazer. Visionários são aqueles que sabem como convencer essas pessoas a aderirem ao sonho.

Portanto, agora é hora de ter um sonho pelos jovens que você não conhece, aqueles que não estão na sua família e que você pode jamais conhecer. Embora você não conheça a todos, eles serão beneficiados pelo seu sonho. As pessoas que dirigem o marketing da MTV ou da *Victoria's Secrets* nunca conheceram as pessoas que afetam (por isso elas pensam que não fazem mal a ninguém). Elas estão afetando milhões de pessoas. Elas tiveram um sonho por amor ao dinheiro e a uma fatia de mercado. Mas nós temos uma causa mais nobre. Nós sonhamos em favor do futuro da nossa nação e pelo coração de uma geração inteira.

Para ter acesso à experiência *Recriar* completa, visite o site www.battlecry.com para assistir aos vídeos e encontrar outras informações.

Capítulo 22

Paralisado Pelo Comum

Receio que muitos entre nós que estão na igreja todas as semanas descobrirão que somos a personificação do título deste capítulo. Vemos coisas "comuns" e achamos que elas são exatamente como deveriam ser. O *status quo* (uma expressão latina que designa o estado atual das coisas) é confortável; o *status quo* é o que parecer ser aceitável e nos impede de perturbá-lo, porque os cristãos não perturbam ninguém. É como se toda vez que fôssemos além do *status quo* recebêssemos uma censura do mundo, acusando-nos de sermos "intolerantes", e isso nos mantém isolados.

Fico imaginando se somos tão programados por aquilo que chamo de "cultura norte-americana normal" ao ponto de pensarmos que devemos apenas encontrar um jeito de sobreviver em vez de sermos agentes de mudança no meio dela.

Hipnotizados Pelo Comum

Na passagem final de João 21, vemos Pedro, depois de ter estado com Jesus por três anos, visto todos os milagres e ouvido todas as parábolas, ter presenciado a morte de Jesus e tê-lo visto ressuscitar e subir aos céus. Naquele momento, ele estava ponderando sobre o que fazer da sua vida. Ele estava imaginando o que deveria fazer em seguida, *depois de ter ouvido a Grande Comissão* (ver Mateus 28:18-20). Sua sugestão feita aos amigos foi: "Vou pescar". Outros disseram: "Nós vamos com você". Então, apesar de todos os milagres, apesar de todos os encontros que Pedro presenciou onde vidas foram transformadas, ele ainda tinha uma ideia atrasada do que era uma "vida normal". Uma vida normal era pescar; era isso que ele sabia. Ele estava voltando para o que conhecia; ele estava voltando para *o conforto que conhecia.* Ele estava satisfeito por voltar sem perturbar ninguém. Ele estaria na sua zona de conforto.

Olhamos para o comum como se fosse a maneira como as coisas *deveriam ser.* Nosso equilíbrio como seres humanos sempre se ajusta em direção ao "vamos voltar para o que conhecemos; vamos voltar para o jeito que costumava ser; vamos voltar ao que é familiar". Sendo assim, se estivermos familiarizados ou acostumados com uma cultura que constantemente está degradando os valores cristãos, que constantemente exibe sexualidade diante de nossos filhos, começamos a pensar que isso é normal.

De vez em quando ocorre uma interrupção chocante que mal podemos acreditar que tenha acontecido, como no caso do "acidente" com a roupa de Janet Jackson durante um jogo do campeonato de futebol americano, ou o beijo entre Madonna e Britney Spears; mas, depois, voltamos ao que é normal, mesmo que esse normal tenha se tornado um pouco pior. O fato é que aquele tipo de acontecimento faz com que as coisas que atualmente são normais decaiam ainda mais. De repente, o que as pessoas irão aceitar é mais degradante no conjunto, já que não é tão ruim quanto mostrar os seios durante um programa de tevê no horário para a família, ou assistir ao beijo de boca aberta trocado entre duas celebridades do mesmo sexo.[1]

Se entrarmos em uma espécie de paralisia em relação ao que é comum, vamos aceitar tudo isso. Literalmente, o que vemos é o que temos. Se estivermos focados nas coisas que achamos normais, elas se tornam aquilo que estamos dispostos a tolerar. Mesmo que saibamos que aquilo está destruindo uma geração inteira de jovens, aceitamos como normal. Como seres humanos, nossa natureza nos leva a sermos absorvidos pelos noventa e oito por cento, como seguidores da cultura, e nossa decisão de aceitarmos isso é validada por todas as outras pessoas que compõem esse percentual. Achamos que aquilo que está à nossa volta é adequado, então ficamos impotentes para fazer alguma coisa a respeito.

Em lugar de olharmos para o que aí está e permitir que isso nos leve a um estado de mediocridade hipnótica, devemos colocar os olhos naquilo que poderia ser. Com que visão Deus nos pede que sonhemos? O que desejaríamos que influenciasse os adolescentes em nossa comunidade? Concentrar o foco sobre esse sonho vai nos tirar de um estado mental hipnótico.

Quando Damos Legitimidade ao Comum

Frequentemente dizemos a nós mesmos: "Sou um cristão comum. Vou à igreja, oferto meu dinheiro; sou uma pessoa boa; não mato ninguém; não minto muito; sou como todos os outros, mesmo que faça concessões em minha vida".

Assim, passamos a dar legitimidade ao comum. Outras pessoas vivem assim; por que eu haveria de ser tão radicalmente diferente deles? Por que eu deveria levantar minha voz e moldar uma geração? Por que eu deveria importunar as pessoas? Todas as outras pessoas parecem estar seguindo a corrente, portanto eu vou acompanhá-las. Nós justificamos as concessões que fazemos enquanto deixamos os criadores desta cultura triunfar em sua busca para dominar a geração mais nova. Damos legitimidade à nossa incapacidade de causar impacto e vemos a cultura em que vivemos como não sendo realmente tão má assim.

Jesus disse que estreita é a porta que conduz à vida; estreito é o caminho, mas amplo é o caminho que leva à destruição (ver Mateus 7:13,14). Como resultado, perdemos o nosso idealismo. Primeiro Coríntios 3:3 diz que quando estamos agindo de forma mundana, estamos agindo como "meros homens". Não é esperado de nós que ajamos como *meros homens,* como todas as outras pessoas.

Como resultado disso, o impacto que nossa vida poderia causar é minimizado por nos compararmos com o que é comum. Ninguém está falando sobre isso, portanto não seremos nós a entornar o caldo e nos preocuparmos com mudanças. Em decorrência disso, nem mesmo concebemos novas ideias, por estarmos preocupados apenas em fazer parte do comum.

Rompendo Com o Comum

Precisamos lidar com o fato de que as pessoas que estão destruindo nossos filhos fazem isso debaixo dos nossos olhos. Elas fazem isso *enquanto nós olhamos.* Elas o fazem *enquanto nós permitimos que isso aconteça,* ainda que não tenhamos causado isso. Nós permitimos que a pornografia chegue até nós online. Não gritamos alto o bastante e isso passou a ser tolerado em nossa sociedade.

O impacto que causamos tem sido minimizado por termos nos tornado viciados e hipnotizados pelo comum. Quando vemos algo de horrível acontecer, tentamos justificar a nossa falta de envolvimento. Somos rápidos em apontar as pessoas que estão colocando coisas horríveis nos filmes ou nas telas de tevê, *e ainda assim não fazemos coisa alguma.* Não fazer nada dá legitimidade à nossa cultura.

Como crentes e como seguidores de Cristo devemos abrir os olhos e tomar consciência de que por muito tempo temos vivido em estado hipnótico, juntamente com todas as demais pessoas que estão acostumadas ao comum. Se não despertarmos, continuaremos a deixar que as pessoas erradas moldem a sociedade. Elas não temem importunar. A maior parte do incômodo que causam é moral, e se fazemos objeções, elas nos chamam de puritanos intolerantes.

É hora de chamarmos essas pessoas pelo seu nome real: *terroristas contra a virtude* que ganham dinheiro dilacerando qualquer tipo de virtude moral dos nossos jovens. Devemos sair da "hipnose do comum" e perguntar o que Deus quer que façamos por nossa comunidade e pela nação. É hora de nos levantarmos e não mais permitirmos que isso continue acontecendo!

É hora de rompermos a força opressora da nossa cultura e usar nossas vozes para moldar os rumos do nosso país em benefício da geração mais nova. *Os jovens se tornarão aquilo que nós permitirmos;* o que eles compram é o que nós *permitimos* que seja vendido em nosso país. A linguagem comum e a cultura comum são aquelas que nós *permitimos* que se tornassem a linguagem e a cultura comuns. É hora de levantarmos e percebermos que o futuro do nosso país e a saúde desta geração jovem está em *nossas mãos.*

Capítulo 23

Vencendo a Guerra das Relações Públicas

Na primavera de 2006, tivemos um dos maiores eventos Battle Cry do ano. Esperávamos que vinte e cinco jovens de centenas de igrejas viessem ao Giant Stadium em São Francisco, na Califórnia. Esses jovens estavam se reunindo para assumir um compromisso de pureza física, amor a Deus e de fazer o que fosse necessário para defender a pureza moral em sua geração.

Decidimos que aquela seria uma oportunidade empolgante para fazer diferença; convidamos aqueles jovens a virem primeiro até a prefeitura de São Francisco e fazer uma reunião do Battle Cry ali. O objetivo da reunião era permitir que sua voz fosse ouvida e para que as pessoas de toda a nação soubessem que existem jovens que amam a Deus e querem assumir um compromisso de pureza. Assim, tivemos a permissão de usar as escadas diante da prefeitura. Você deve se lembrar de que há alguns anos esse foi o mesmo local onde centenas de casais homossexuais se casaram em uma cerimônia civil feita pelo prefeito de São Francisco.

Semanas antes ouvimos dizer que muitas pessoas apareceriam para protestar. Mas não esperávamos nada parecido com o que aconteceu.

Quando chegamos, havia cerca de trezentos jovens no local enfrentando bravamente a chuva a fim de defenderem a pureza em sua geração. Uma centena de pessoas que protestavam vieram ao nosso encontro (a maioria era de homens vestidos como mulheres), usando autofalantes para gritar coisas horríveis contra os jovens. Eles gritavam coisas como "não queremos casar com vocês, apenas queremos ___ vocês". Eles usaram hinos e outras músicas cristãs nos quais colocaram letras pervertidas e cantavam o mais alto que podiam.

Você se sentiria orgulhoso dos nossos jovens. Sua resposta era apenas orar e serem gentis e amorosos, enquanto cantavam cânticos de louvor. A mídia, é claro, apareceu porque eles amam uma briga violenta. Mas eles viram como aqueles jovens eram amorosos e que eram as pessoas que protestavam e diziam "isso é coisa de cristãos mesquinhos", que estavam gritando furiosas.

Era chocante ver a oposição violenta por parte dos manifestantes contra jovens que apenas queriam defender a pureza. Ao refletir sobre isso, fiquei imaginando por que os ultraliberais de São Francisco são tão tolerantes para com todos os grupos, exceto com os cristãos. Comecei a compreender que eles não se importam se mantemos o Cristianismo em nosso pequeno grupo de jovens ou no porão da nossa igreja, contanto que ele fique dentro de quatro paredes. Mas eles realmente não querem que nós o tiremos para fora e o levemos para o setor público; eles não querem que nós o levemos para a prefeitura ou para a escadaria do palácio da justiça. Eles não querem que nós o levemos para a esfera política ou para o centro da discussão dos valores da nossa nação. *Por quê? Porque eles virtualmente têm dominado nossa opinião e nossa cultura sem sofrer oposição por muitos anos.* Deixa-os irados ver alguém resistir de forma visível e dizer: "Não gostamos disso; queremos que a nação siga uma direção diferente". Eles sabem que a crença de uma pessoa expressa verbalmente causa um grande impacto. Dar voz às crenças pode mudar a cultura, moldar a opinião e mudar a política.

A fúria dessas pessoas era para mim um sinal de que estávamos fazendo a coisa certa. Acidentalmente, nós tínhamos mexido em uma casa de marimbondos. Em vez de me reduzir ao silêncio, aquilo me fez encorajar os jovens a expressarem ainda mais sua fé.

Dois meses mais tarde, quando chegamos à Filadélfia para um evento, tínhamos cento e trinta e oito grupos de toda a nação fazendo reuniões do Battle Cry nas prefeituras ou nas escadarias dos palácios de justiça de suas cidades. Quando os jovens de todo o país viram o que havia acontecido em São Francisco, se reuniram para servir de exemplo em sua região. Aqui estão algumas manchetes e citações de artigos de jornais que noticiaram aquelas reuniões:

- Lansing, Michigan: "Adolescentes Locais se Reúnem Em Defesa de Sua Geração". Adolescentes cristãos locais irão orar, cantar e defender o futuro de sua geração hoje na sede da assembleia legislativa...[1]
- Cape Girardeau, Missouri: "Adolescentes de Cape Girardeau Protestam Contra Sexo e Violência na Mídia". Aproximadamente trinta membros de grupos da igreja local fizeram uma demonstração diante da Prefeitura de Cape Girardeau na sexta-feira, em um evento que chamam de "Battle Cry" pela regeneração dos valores cristãos entre os adolescentes...[2]
- Michigan City, Indiana: "Igreja Protesta Contra Sexo e Violência na Mídia". A pornografia na internet e na MTV foram alvos específicos...[3]
- Detroite, Michigan: "Adolescentes Rejeitam Valores Negativos, Reunião de Grupo de Farmington Protesta Contra Bebida, Drogas e Sexo". Eles enfrentaram o céu escuro e a garoa na noite de sexta-feira para protestar contra o sexo, as drogas e a MTV. Um grupo de sete adolescentes que são membros da St. Gerald Catholic Church — carregando rosários e cartazes de protesto com mensagens como "Não Venda Sexo Para Mim" e "MTV" sob um círculo vermelho com uma faixa no centro...[4]
- Midland, Texas: "Adolescentes Em Busca de Moralidade Se Reúnem para um evento 'Battle Cry'". Hoje, diante do Palácio de Justiça do Município de Midland os adolescentes locais se reunirão para o evento "Reunião Jovem e Entrevista à Imprensa Battle Cry" dirigindo um chamado à juventude

cristã para que combata a difundida cultura popular que segundo eles promove sexo, violência, drogas e imoralidade...[5]

- Filadélfia, Pensilvânia: "Cruzada Adolescente: *Não Sintonize.* Um Grupo Cristão de Adolescentes Chega à Cidade Com Uma Mensagem Sobre a Cultura Pop". Milhares de adolescentes estão se reunindo no Wachovia Spectrum este fim de semana para lançar um grito de guerra contra a cultura pop...[6]
- São Francisco, Califórnia: "Não São Bem-vindos em São Francisco". O grupo, chamado "Battle Cry for a Generation" usa a Bíblia para se opor ao que chama de influências corruptoras da mídia. Mas o *San Francisco Chronicle* relata que cerca de cinquenta manifestantes contrários ao protesto denunciaram o encontro como sendo um "ajuntamento de estudantes fascista bastante animado"...[7]

Esta é a oportunidade para nós, como cristãos, de nos levantarmos e dizer: "Espere um minuto; nós também queremos ter voz ativa na direção do nosso país!".

A Guerra das Relações Públicas

Recebemos uma grande cobertura por parte da mídia secular no evento Battle Cry realizado em São Francisco. Na verdade, quando voltamos no ano seguinte, na primavera de 2007, tivemos ainda mais cobertura da mídia e ainda mais manifestantes protestando. A CNN, a ABC, a Fox News e muitas outras emissoras televisionaram o que estava para acontecer. (Acesse www.battlecry.com para ver os clipes da Night Line e da CNN). Descobrimos que devido a toda cobertura mostrando a resposta violenta das pessoas que protestavam contra os jovens, a ideia transmitida pela mídia foi que o evento pertencia a "um ministério mesquinho que buscava o conflito". A predisposição da mídia de favorecer a cultura secular em relação ao Cristianismo fez com que eles entrevistassem pessoas que gritavam coisas como:

"Estes cristãos estão furiosos!" — quando na verdade os manifestantes contrários é quem estavam furiosos. (A mídia permitiu que uma pessoa qualquer das ruas, que protestava contra os jovens, descrevesse que tipo de cristãos nós somos? Como isso pode ser uma reportagem imparcial?). Na verdade, os jovens foram tão amorosos e gentis que não mereceram espaço igual da mídia. Começamos a ouvir coisas do tipo: "Por que essas pessoas têm de falar em batalha o tempo todo? E por que são tão intratáveis?" — quando não estávamos sendo de modo algum intratáveis.

É exatamente esse tipo de relato que continua a reforçar a percepção errônea de mesquinhez atribuída aos seguidores de Cristo. A cultura secular do nosso país tem alcançado êxito em estabelecer uma percepção negativa do Cristianismo. E é verdade que o caráter exibido em filmes e programas de televisão retrata os cristãos sob uma luz negativa. Um livro recente intitulado *unChristian (Anticristão),* documenta seis das principais tendências que os não cristãos relacionam com o cristianismo. Eles acham que todos os cristãos são:

1. Hipócritas
2. Demasiadamente focados em fazer novos convertidos
3. Homofóbicos
4. Reservados e ingênuos quanto aos aspectos desagradáveis da vida
5. Demasiadamente políticos
6. Julgadores[8]

Embora possa ser verdade que alguns cristãos tenham dado motivos para que as pessoas acreditassem nessas coisas, a maioria dos crentes não é assim. O que acontece é que a guerra das relações públicas tem sido ganha por aqueles que defendem um sistema diferente de crenças, e eles têm obtido sucesso em criar uma percepção negativa a respeito de todas as coisas cristãs. Para a massa da população, percepção é realidade. Portanto, nós precisamos excedê-los e comunicar ainda mais o amor de Cristo para vencer essa tendência contra o Cristianismo em nossa cultura.

Quando encontrarmos pessoas que não são cristãs, ou aquelas que estão moldando a cultura, devemos desarmá-las com o amor de Deus. Ao falarmos sobre qualquer uma dessas questões, é preciso que falemos sobre o amor. Na verdade, precisamos exibir um tipo de amor e cordialidade reais e genuínos, e não apenas focarmos no debate de ideias. Estamos guerreando pelo coração e pela alma das pessoas, não importa quais sejam as suas convicções.

Como a Cultura Secular é Influenciada?

Existem quatro formas principais de se influenciar a cultura:

1. Entretenimento e esportes
2. Educação
3. Governo e leis
4. Negócios

Anos atrás, inúmeros grupos começaram a se infiltrar nas diferentes camadas da sociedade, desde o movimento pelos direitos e igualdade da mulher a quase todas as causas ou setores de atividade humana que você possa imaginar. Por exemplo, a causa homossexual tem espertamente usado de táticas para invadir essas quatro áreas. Há um plano específico que se concentrou em mudar a percepção da homossexualidade nos Estados Unidos.[9] Esse plano foi criado em 1972 pela Coalizão Norte-Americana das Organizações Gay.

Entretenimento

O aparecimento da AIDS representou um grande problema de relações públicas para a comunidade homossexual; eles poderiam ser acusados de causarem a "peste bubônica" nos Estados Unidos. Assim, eles começaram a invadir agressivamente cada uma dessas áreas, a começar pelo entretenimento. Eles passaram a aparecer no maior número de programas que pudessem. A seguir, incluí uma relação de alguns dos programas mais conhecidos com personagens homossexuais.

O primeiro personagem homossexual foi exibido na televisão publicamente nos anos 1970. Hoje, existe praticamente um personagem homossexual em cada programa. Para ser exato, existem 369 personagens homossexuais que aparecem regularmente nas telas de televisão atualmente. Agora, eles nos entretêm; damos risada com eles e nos divertidos com as piadas homossexuais. A homossexualidade foi normalizada dentro da cultura do nosso entretenimento.

Alguns programas conhecidos da televisão norte-americana que incluem ou já incluíram regularmente personagens homossexuais:

- All in the Family (Tudo Em Família — comédia) CBS 1971-1979
- All My Children (Todos os Meus Filhos — novela) ABC 1970 até o presente
- As the World Turns (Como o Mundo Gira — novela) CBS 1956 até o presente
- The Kids in the Hall (Crianças na Sala — seriado cômico) CBC 1989-1995
- Roseanne (comédia) ABC 1988-1997
- Os Simpsons (comédia/desenho animado) FOX 1989 até o presente
- One Life to Live (Uma Vida Para Viver — novela) ABC 1968 até o presente
- The Real World (Na Real — reality show) MTV 1992 até o presente
- Beverlly Hills 90210 (Barrados no Baile — seriado sobre alunos do Ensino Médio/universitário) FOX 1990-2000
- General Hospital (Hospital Geral — novela) ABC 1963 até o presente
- Friends (comédia) NBC 1994-2004
- Nash Bridges (série policial) CBS 1996-2001
- ER (Plantão Médico — seriado médico) NBC 1994 até o presente
- Will & Grace (comédia) NBC 1998-2006
- Sex and the City (O Sexo e a Cidade — comédia) HBO 1998-2004

- Felicity (seriado sobre medos e ansiedades da adolescência) WB 1998-2002
- Dawson's Creek — seriado dramático sobre os medos e ansiedades da adolescência) WB 1998-2003
- Survivor (No Limite — competição e reality show) CBS 2000 até o presente
- Big Brother (competição e reality show) CBS 2000 — até o presente
- Undressed (série de contos dramáticos/cômicos) MTV 1999-2002
- Six Feet Under (A Sete Palmos — seriado dramático) HBO 2001-2005
- Spyder Games (seriado dramático) MTV 2001
- Boston Public — série dramática sobre o ensino secundário) FOX 2000-2005
- The Sopranos (A Família Soprano — série dramática sobre a máfia) HBO 1999-2007
- Amazing Race (programa sob o formato de uma longa competição) CBS 2001até o presente
- The Shield (Acima da Lei — drama policial) FX 2002 até o presente
- Degrassi: The Next Generation (série dramática sobre adolescentes da escola Degrassi) CTV e The N 2001 até o presente
- The Wire (A Escuta — série dramática/policial) HBO 2002 até o presente
- Reno 911! (comédia) Comedy Central 2003 até o presente
- The O. C. (Um Estranho no Paraíso — série dramática) Fox 2003-2007
- Queer Eye for the Straight Guy (programa que realça a aparência das pessoas) Bravo [USA] 2003-2007
- The L. Word (Série dramática sobre lesbianismo) Showtime 2004 até o presente
- Passions (Paixões — novela) NBC 1999-2007; DirecTV 2007-2008

- Rescue Me (Esquadrão Resgate — drama) FX 2004 até o presente
- Drawn Together (Casa Animada — comédia/desenho animado) Comedy Central 2004 até o presente
- Nip/Tuck (Estética — série dramática médica) FX 2003 até o presente
- Desperate Housewives (Donas de Casa Desesperadas — drama/comédia) ABC 2004 até o presente
- Veronica Mars (drama/mistério) UPN 2004-2006, CW 2006 até o presente
- Everwood (série dramática) WB 2002-2006
- Doctor Who (O Doutor — série dramática/ ficção científica) BBC 1963-1989, 2005 até o presente
- The Office (O Escritório — comédia) NBC 2005 até o presente
- Commander in Chief (Senhora Presidente — drama) ABC 2005-2006
- Law & Order (Lei & Ordem — série dramática/criminal) NBC 1990 até o presente
- Love Monkey (drama) CBS 2006, VH1 2006
- So NoTORIous (Notório — comédia) VH-1 2006 até o presente
- Project Runway (Projeto Moda — competição) Bravo [USA] 2004 até o presente
- American Dad (comédia/desenho animado) Fox 2005 até o presente
- The View (programa de entrevistas) ABC 1997 até o presente
- Ugly Betty (Betty, A Feia — comédia/drama) ABC Family 2007
- Dirt (Jogo Sujo — drama) FX 2007 até o presente
- Greek (série dramática sobre uma fraternidade universitária) ABC Family 2000
- Sophie (comédia) CBC 2008 até o presente
- PrideVision Homossexual Network, seis programas transmitidos entre 2001-2003
- OutTV Homossexual Network, cinco programas transmitidos entre 2001 até o presente[11]

Educação

Na área da educação, em diversos lugares, há uma permanente tentativa de fazer com que sejam aprovadas leis. Uma dessas leis foi recentemente aprovada na Califórnia. Tratava-se de um projeto para proibir o uso das palavras "mamãe" e "papai" nos livros didáticos porque isso poderia fazer com que crianças vindas de um lar homossexual se sentissem um pouco desconfortáveis.[12]

As crianças têm oportunidade de ler livros como *Asha's Mums* (As Mamães de Asha), o qual conta a história de uma viagem escolar ao campo. Asha leva para casa um formulário de permissão para ser assinado por suas duas mamães. Ela volta à escola no dia seguinte e sua professora lhe diz que ela não pode ter duas mães. Uma amiga então, se levanta para defendê-la e diz que você pode ter duas mamães, assim como tem duas titias ou dois papais ou duas vovós.[13]

Em inúmeros outros estados foram feitos avanços no sentido de garantir direitos iguais aos casais homossexuais.

Sendo crentes, não odiamos as pessoas e não condenamos ninguém por nenhum crime. Nosso foco jamais deve ser apontar um dedo de condenação contra ninguém. Todo o coração precisa de Cristo, e todas as pessoas são vazias até que venham a Cristo, não importa qual seja o pecado (mesmo que elas não pensem que aquilo seja pecado). Nossa tarefa não é fazer com que as pessoas tenham convicção de seus pecados; jamais ganharemos essa discussão. Nossa tarefa é ajudar as pessoas a descobrirem que estão vazias e fragmentadas sem ter Jesus como o centro de sua vida!

Eu apenas destaquei o que eles (e quando digo "eles" me refiro ao pequeno grupo de ativistas que tendem a moldar o restante da nossa cultura) estão fazendo, a fim de que possamos conhecer os seus desígnios em relação aos nossos filhos. Até mesmo coisas como a adoção de filhos por parte de homossexuais. Existem sessenta e cinco mil crianças sendo criadas por "pais" do mesmo sexo em uma tentativa de conferir normalidade ao estilo de vida homossexual.[14] Argumenta-se que, contanto que seja um lar amoroso, por que eles não deveriam estar capacitados a adotar uma criança? Crianças criadas por pais do mesmo sexo estão agora em vídeos (como os que você pode ver no *YouTube*) pedindo aos políticos para legalizarem os casamentos homossexuais. Fazendo isso estão levando as crianças a convencerem seus colegas de que ter pais homossexuais é realmente apenas outro modelo de uma "família normal".[15]

Tudo isso faz parte da tentativa de conferir normalidade ao estilo de vida homossexual em nossa cultura. Grande parte do trabalho de relações públicas sobre homossexualidade diz que *as pessoas não podem evitá-la; elas simplesmente nascem assim*. Mas o fato é que não existem provas biológicas mostrando que as pessoas simplesmente nascem assim. Contudo, se essa posição é apresentada um número de vezes suficiente, até mesmo os cristãos começam a se condoer pela triste condição dessas pessoas que "estão sendo perseguidas" sem motivo. Penso que devemos nos compadecer dos homossexuais porque eles estão em sofrimento e em confusão, mas não pelos motivos que os ativistas defendem.

Em consequência de tudo isso, alguns adolescentes ficam genuinamente confusos acerca de sua identidade sexual. Hoje, não é incomum que os adolescentes façam experiências como beijar ou namorar pessoas do mesmo sexo. Não é o bastante que nós, como pais, ou a geração mais antiga fiquemos irados com o comportamento deles. Deveríamos estar irados com o fato de termos permitido esse tipo de influência transitar livremente pela mídia e até mesmo nos livros didáticos de nossas escolas. Precisamos ter um coração compassivo para com esses jovens que, devido à sugestão feita pela cultura de que "talvez eles tenham nascido assim", agora estão verdadeiramente confusos. Em lugar de responder violentamente em ira contra os adolescentes que lutam com essa questão, precisamos responder com compaixão e esclarecimentos.

Por exemplo, recebi recentemente o email de um jovem, a quem chamarei Bryan. Ele disse que comparecia aos nossos eventos Acquire The Fire já há alguns anos. Quando estava com quinze anos, sentiu que estava em conflito com sua identidade sexual. Sua mãe chegou para ele um dia e perguntou: "Filho, você é homossexual?". Ele respondeu: "Bem, para falar a verdade, venho lutando contra pensamentos a esse respeito". Ela ficou furiosa, explodiu e deixou o quarto. Então, ela foi adiante, contando ao marido, padrasto do jovem, todo o assunto. O padrasto ficou tão furioso com o jovem que o expulsou de casa. Por favor, observem que essa mãe e esse padrasto eram pessoas que frequentavam a igreja.

Esse jovem passou a andar de casa em casa, vivendo em diferentes lares substitutos. Ele adotou completamente o estilo de vida homossexual, que em seu caso também envolvia bebidas e drogas. Depois de sete anos vivendo dessa maneira, ele finalmente voltou para o Senhor. Pense agora em como tudo isso poderia ter sido evitado se, amorosamente, aqueles pais compreendessem que o jovem estava confuso e sendo moldado pelo lixo que tinham enfiado goela abaixo.

O fato é que, se encontramos os jovens em nossos lares e na vizinhança confusos quanto à sua identidade sexual, precisamos mostrar-lhes compaixão e fazê-los ver que sua identidade vai muito além da orientação sexual. Eles precisam saber quem são olhando unicamente para aquilo que Deus os criou para ser. Sua sexualidade é apenas uma parte da sua identidade. Existem muitas ferramentas por aí para ajudar-nos a lidar com os nossos filhos nessas questões, inclusive ministérios como o Exodus International.

Permita que eu diga novamente: não existe *nenhum* bom motivo que nos leve a perseguir alguém por causa de um pecado se a pessoa não é crente. Você poderia ficar bravo com um cão porque ele late? Um pecador peca naturalmente. A questão é o seu coração, e não o que ele está fazendo. Porém, a tática de continuamente dizer "nascemos assim" parece que está funcionando, já que muitas pessoas dentro da igreja verdadeiramente acreditam nessa linha de raciocínio.

Negócios

Então, é claro, temos a área dos negócios. Existem muitos negócios cujos proprietários são ativistas homossexuais que ganham muito dinheiro e têm a possibilidade de promover sua causa. Eles também já convenceram outros empresários a anunciarem em seus programas de tevê e em suas revistas. Eles ameaçam as companhias públicas dizendo que, se elas realmente quiserem ser imparciais, precisam patrocinar as iniciativas deles também. Eles acusam as pessoas de serem fanáticas ou de não terem a mente aberta quando não recebem os mesmos direitos matrimoniais e cobertura médica para casais do mesmo sexo.

Portanto, você pode entender o motivo pelo qual eles têm feito progressos; *eles têm um plano e estão organizados em torno dele.* Nossos filhos estão sendo moldados por esse plano. Aqueles que patrocinam a agenda homossexual são inteligentes. Eles são metódicos. A questão aqui, porém, não é enfatizar o ativismo homossexual, mas sim perguntar: *Qual é o nosso plano?*

A Causa Muçulmana

Apesar das telas das nossas televisões estarem repletas de notícias sobre o terrorismo islâmico quase todas as noites, tem havido um esforço concentrado para fazer do islamismo uma coisa normal em nossa nação, desde os anos 1960 e 1970. Já existem nos Estados Unidos escolas que abertamente ensinam os alunos sobre o islamismo.[16] De fato, quando recentemente encontrei um conhecido líder ministerial em Uganda, ele descreveu para mim a estratégia planejada anos atrás pela Arábia Saudita. Eles planejaram trazer algumas das pessoas mais brilhantes das nações da África Islâmica para os Estados Unidos a fim de adquirirem instrução; assim eles estariam na linha de frente para fazer sua causa avançar. Muitos desses muçulmanos estão nos Estados Unidos hoje, fazendo exatamente isso.

A Fraternidade Islâmica continua a crescer em número nos Estados Unidos. Esses indivíduos se colocam abertamente contra os violentos grupos radicais islâmicos, entretanto divulgam publicamente sua opinião sobre a separação entre religião e política. Eles acreditam que não deve existir tal separação e aguardam o dia quando a maioria dos norte-americanos apoiará sua lei.[17]

O Dr. Anis Shorrosh, autor de *Islam Revealed* (Islamismo Revelado) escreveu uma dissertação de doutorado sobre como fazer dos Estados Unidos uma nação muçulmana dentro de vinte anos.[18] Esse homem, sozinho, é o responsável pela abertura de mais mesquitas nos Estados Unidos do que qualquer outra pessoa. Além disso, os muçulmanos têm planos agressivos em muitas nações diferentes, incluindo o Camboja, onde tem havido um rápido crescimento de escolas e mesquitas.[19] Tudo isso aponta para o fato de que o islamismo se tornou uma força viável em nossa cultura, embora neste momento os membros da fé islâmica compreendam menos de meio por cento da população dos Estados Unidos.[20]

Capítulo 24

Quem nos Mandou Calar?

Por que os crentes se sentem tão inibidos na hora de se fazerem ouvir? De onde tiramos a ideia de que todos têm o direito de demonstrar e expressar seus valores, embora os crentes, de alguma forma, não mereçam isso? Por que achamos que nossas ideias não têm o direito de estar no centro das discussões em nosso país?

Desde o início, o Cristianismo tem se expressado verbal e publicamente. Na Igreja Primitiva, quando as pessoas entregavam a vida a Cristo, confessavam sua fé diante das multidões e, por isso, muitas eram mortas em arenas. Muitos dos apóstolos e crentes que viveram nos dias do governo romano foram mortos em arenas por confessarem sua fé publicamente. Por recusarem curvar-se diante do imperador, que diziam ser um deus, aqueles cristãos pagaram o preço máximo.[1]

O Cristianismo se espalhou porque a manifestação natural de alguém que tem um encontro com Deus é: "Preciso contar isso a alguém!". Uma pessoa que recebe a cura para um câncer não pode guardar isso apenas para si. Quando você descobre a resposta para a própria vida, a manifestação natural é: "Preciso contar isso a alguém!". No século primeiro, pessoas como Paulo, Barnabé e Silas viajaram indo e vindo de um lado para o outro do mundo então conhecido para compartilhar as boas novas.[2] Missionários têm viajado para lugares perigosos por toda a África, indo a continentes e nações infestados por enfermidades, mesmo sabendo que existe a possibilidade de perderem a vida, enquanto compartilham as boas novas de Jesus Cristo. Eles fazem isso porque a mensagem os constrange de tal maneira que precisam dar voz a ela.

Na verdade, grande parte da arte renascentista que surgiu em toda Europa nos anos 1500 era uma expressão da fé em Cristo por parte dos artistas. Quando você olha para as obras de arte produzidas por Michelangelo[3] e as maravilhosas obras musicais compostas por Haendel,[4] pode perceber que essas pessoas não eram tímidas ou inibidas, nem tinham receio de se expressar. Eram pessoas que deixavam que o extravasamento daquilo que tinham em seu interior moldasse suas obras de arte e fosse visto por todos.

Moldando a Cultura

Desde o início, o Cristianismo manifestou-se de forma expressiva e verbal, moldando grande parte da cultura. Que parte da Europa não foi moldada pelos grandes pintores e artistas que esculpiram o mármore, ergueram construções, pintaram telas e compuseram músicas magníficas, tudo para a glória de Deus?

Pense nas pessoas que moldaram a Constituição dos Estados Unidos e os Fundadores que expressaram sua fé em muitos dos documentos que criaram os Estados Unidos da América. Sua fé cristã era, de fato, parte de sua vida e era expressa por meio de tudo quanto faziam.

Agora, avancemos até o século XXI nos Estados Unidos onde, de alguma forma, essa mensagem foi recebida: *Todos têm o direito de expressar crenças e valores, exceto se você for cristão.* De algum modo, se você expressar seu Cristianismo, será considerado intolerante e alguém que não se importa com as outras pessoas.

Entretanto, coisas horríveis são exibidas em eventos como o "dia do orgulho gay" bem no meio das nossas ruas. (Muitos desses eventos mostram homens com pouca ou nenhuma roupa, beijando-se e acariciando-se mutuamente enquanto desfilam).[5] As detestáveis e brutais manifestações de "liberdade de expressão" nunca são acusadas de intolerância.

Os programas de educação sexual têm exibido atrocidades diante de todos nas salas de aula por todo o território dos Estados Unidos. Grande parte disso acontece sem o consentimento dos pais porque alguém *achou que era correto educar as crianças em aspectos que os pais nunca aprovariam.* Proponentes dos ensinamentos que nós nunca aprovaríamos alcançaram postos nos quadros de diretores nas escolas e abriram a mente dos nossos filhos para as práticas mais brutais imagináveis. (Pense no sistema de educação do estado do Maine, nos Estados Unidos, que fornece preservativos para crianças de onze anos de idade) [6].

De forma inequívoca, nos tem sido dito que, como cristãos, devemos ser vistos, mas não ouvidos. Temos recebido essa mensagem nada sutil: "O que vocês creem é errado e, portanto vocês não têm nenhum direito de discutir publicamente suas ideias". Muitos dos que se intitulam seguidores de Cristo têm acreditado e interiorizado essa mensagem. De fato, descobrem-se julgando outros cristãos que se expressam verbalmente: "Bem, espera-se de nós que sejamos amorosos, e ser amoroso significa nunca dizer coisa alguma". Essa linha de pensamento é a causa para que as crenças seculares tenham começado a dominar nossa cultura.

Na guerra da cultura, aquele que fala mais e mais alto consegue moldar a cultura. Se não falarmos, perdemos. Nós falamos por meio do nosso voto, com nossa criatividade, percebendo quando há pistas de que valores não bíblicos estão sendo exibidos em nossas comunidades.

Muitas nações em todo o mundo pensam nos Estados Unidos como uma "nação cristã", porque imprimimos a frase "Em Deus Confiamos" em nossas cédulas de dinheiro. Porém, quando olham para nós, descobrem a música, os vídeos, a televisão e os filmes, os mais brutais que alguém jamais poderia criar. Enquanto os seculares forem bem-sucedidos em nos dizer para calar a boca, serão eles que governarão a Terra. Eles farão com que nos sintamos críticos sempre que desejarmos expressar nossa fé e ter voz ativa. Enquanto permanecermos em silêncio, eles continuarão a dominar nossa cultura e a saquear e matar a moralidade dessa próxima geração de jovens, o que seria impensável para os nossos antepassados.

Uma Voz Que Envolve o Coração

Quando nos expressarmos, precisamos ser cuidadosos para falar gentilmente, sem condenação. Precisamos expressar a voz da compaixão, e não da ira. Não acusamos nem chamamos as pessoas de pecadoras, mas demonstramos nosso amor de maneiras criativas.

Nossa voz precisa soar como a voz de Cristo quando comunicamos ideais, valores e fé. Precisamos abandonar a posição defensiva e investir ofensivamente, absorvendo criativamente a atenção das pessoas, fazendo com que elas, no mínimo, tenham de ponderar sobre o que falamos, em vez de simplesmente nos rejeitar. Não foi isso o que Jesus fez com Suas parábolas, histórias e lições objetivas? Ele fez as pessoas considerarem as consequências da vida, tendo a fé e o Deus Criador como pano de fundo. As pessoas tinham de se esforçar para lidar com sua fé e sua ligação pessoal com Deus, com base nas histórias que Jesus contava.

Precisamos fazer o mesmo por intermédio das artes, das nossas igrejas, dos nossos sermões e dos nossos *outdoors*. Bom, você já entendeu a ideia. Isso se chama retomar nossa cultura! É tomar consciência de que aqueles que nos têm dito para sermos vistos e não ouvidos, são os mesmos que levantam a voz e moldam essa geração jovem. Na verdade, *Deus quer que sejamos vistos e ouvidos.* Não podemos abordar os assuntos do coração apenas a partir de uma perspectiva racional; nossas vozes devem ser amorosas, criativas e potentes para que a mensagem chegue ao coração.

Para ter acesso à experiência *Recriar* completa, visite o site www.battlecry.com para assistir aos vídeos e encontrar outras informações.

Capítulo 25

Fazendo um Barulho Criativo

Você se sente livre para deixar sua voz ser ouvida? Se sente inspirado para ter o sonho de fazer diferença para os jovens de seu lar e em sua comunidade, em seu mundo e sua nação? Por favor, não saia por aí com uma faixa e um autofalante. O barulho criativo precisa ser expresso por meio da arte, da manifestação da nossa fé. Começa com um sonho. Em qual área você se sente mais instigado para resgatar os jovens?

Barulhos Criativos em Nossa Cultura

Primeiramente, responder ao mundo é uma das maneiras em que podemos transmitir nossos valores, embora essa seja uma postura mais defensiva. Quando vemos coisas que são opostas ao estilo de vida e aos valores verdadeiros que defendemos, precisamos dizer alguma coisa. Podemos ser bondosos com relação a isso, mas podemos fazer algum barulho. Por exemplo, quando você vê painéis com anúncios pervertidos, não permita que as imagens permaneçam ali. Aquilo que permitimos é o que se torna normal. O que permitimos passa a ser um padrão. Se você vê comerciais que o preocupam no seu aparelho de televisão e sabe que não gostaria que seus filhos ou os filhos de outra pessoa os vissem, ofereça resistência. Diga para a emissora de televisão: "Nós não apreciamos essa programação". Diga a seus amigos na igreja: "Vamos dizer a esses sujeitos que nós não queremos esse lixo". Você estará protegendo não apenas seus filhos, mas também os jovens de toda a comunidade. Quando você vir esses grandes painéis de propaganda mostrando mulheres escassamente vestidas, ofereça resistência e descubra como fazer para que aquelas imagens sejam retiradas. Você estará protegendo não apenas os seus olhos, mas também os olhos dos seus familiares e de toda a comunidade.

Pense nas coisas que você ouve no rádio, as coisas que vê na MTV, as coisas que ouve nas conversas comuns. Ainda que seja a escola que tenha ensinado a eles determinado estilo de vida, ou permitido que o controle de natalidade fosse disseminado em seu condomínio, sempre e toda vez que virmos os valores da Bíblia serem pisoteados, devemos nos levantar e dizer: "Espere aí; será que queremos ver nossos filhos envolvidos com isso? Realmente queremos que eles vejam esses comerciais? Realmente queremos esse tipo de comunidade?". Mesmo os não cristãos, quando você apela para a sua necessidade de proteger os jovens de sua comunidade, muitas vezes eles também desejam fazer a coisa certa.

Seu Barulho Criativo Na Cultura

Todos nós precisamos ter um lado defensivo, porém, mais importante é a necessidade de pensar criativamente sobre como podemos usar nossas vozes para influenciar pessoas de todas as idades em nossa cidade. Pense em todas as diferentes maneiras pelas quais você pode fazer com que elas se envolvam, especialmente com o acesso à internet, que nos oferece tantas oportunidades para pegar aquela que costumava ser uma pequena voz e propagá-la pelo mundo. Postar mensagens em blogs é apenas uma das maneiras para se fazer isso. Você pode começar um blog e fazer com que pessoas se inscrevam a fim de que o conteúdo se espalhe virtualmente pela internet, falando de assuntos em que você queira que as pessoas se envolvam e ganhem força com o propósito de promover uma mudança social.

Postagem de Vídeos

Com o surgimento do YouTube, do GodTube e de outros sites da internet, você pode fazer vídeos que serão vistos em todo o mundo por centenas de milhares, até mesmo milhões de pessoas. Apenas há alguns anos isso seria virtualmente impossível sem gastar milhões de dólares. Talvez você ou seus filhos saibam como fazer vídeos, ou talvez conheça alguém na vizinhança que possa se juntar a você para postarem vídeos regularmente e enviar o link para uma listagem de emails.

Escrevendo

Seja escrevendo poemas ou histórias, pode ser que você tenha um dom criativo para expressar. Existem inúmeros sites que permitirão que você ou seus filhos postem seus escritos. Um site popular para jovens escritores é o www.poetry.com. Para artistas, dê uma olhada em www.deviantart.com. Nenhum desses sites é especificamente destinado a cristãos e podem ser usados como uma ferramenta para compartilhar sua fé. Outras opções incluem a associação Christian Writers no site www.christianwritersguild.com. Páginas pessoais na web e blogs são outros grandes meios para expressar ideias por escrito.

Música

Talvez você tenha talento para a música ou conheça alguns jovens que tenham esse talento. Levante-se e ajude-os a expressar sua voz; use o talento deles, ficando na retaguarda e oferecendo apoio financeiro para que possam levar suas mensagens para sua geração.

Quero estimular você a começar a procurar jovens em sua igreja ou comunidade que tenham talento para a música. Você pode não ter essa inclinação, mas mesmo assim pode dar suporte a eles. Você pode ajudá-los com a compra de aparelhos, caso eles necessitem de equipamentos. Você pode descobrir maneiras de ajudá-los a gravar uma demo e levá-la a uma gravadora. Eles podem até mesmo fazer um contrato para gravação por causa disso. Você pode ajudá-los também a encontrar praças de eventos locais ou custear suas viagens. Isso pode servir a eles como plataforma para expressar seu dom. Meu amigo Pat Fleming "adotou" uma banda de jovens adolescentes com o intuito tanto de mentoreá-los espiritualmente quanto de investir neles financeiramente. Ele os ajudou a consolidar seu sonho de ministrar e alcançar sua geração por meio do dom que lhes foi dado por Deus.

A verdade é que os jovens seculares contam o tempo todo com pessoas que acreditam neles e investem dinheiro para ajudá-los a viverem seu sonho. Teremos que fazer o mesmo se quisermos que pessoas tementes a Deus tenham mais influência em nossa nação.

Ministério da Educação

Outra maneira de usar sua voz é envolver-se com o sistema de ensino local. Você pode não perceber isso, mas como membro do departamento de ensino local, você tem uma tremenda oportunidade de influenciar o que é permitido nas escolas — particularmente em suas bibliotecas e nos currículos. Descubra quando serão as eleições. Descubra quando as pessoas são indicadas e como é o processo para serem eleitas. Observe por alguns anos e veja como você poderia se envolver. Queremos ter pessoas cristãs com ética e valores bíblicos envolvidas com a tomada de decisões sobre educação sexual e sobre se devemos ou não distribuir preservativos em escolas com crianças de onze anos. Você pode terminar sendo uma espécie de "barreira" para impedir que ensinamentos e vídeos grosseiros e brutais cheguem às escolas. Você estará não apenas protegendo seus filhos, como também os filhos de todas as outras pessoas.

Governo

Descubra como você pode se envolver concorrendo a um cargo público. Poderia ser para a câmara de vereadores de sua cidade ou mesmo para prefeito. Lembre-se de que envolver-se com o governo é uma maneira de ajudar a moldar a cultura.

Assim como era no início do nosso país, todos podem se beneficiar com uma cultura saudável e decente. Entretanto, isso somente acontecerá se pessoas preocupadas entrarem na briga para moldar este mundo. Claro, existe um risco. Certamente é desconfortável. Talvez não seja o que você esperava. Mas vai exigir sua disposição para sacrificar-se a fim de moldar a cultura e proteger os jovens que não têm pais cristãos devotados.

Nossa Real Tarefa

Nossa tarefa é garantir que a ardente paixão por Deus, o padrão do tipo de vida que queremos ter, e o tipo de cultura que desejamos sejam claramente expressos e viabilizados de forma a moldarem positivamente nossa cultura. Precisamos comunicar nossos valores claramente de forma a fazer um barulho criativo em nossa cultura. Precisamos nos envolver com o mundo do entretenimento, seja apoiando a diversão sadia, tal como a série de filmes *As Crônicas de Nárnia,* ou fazendo barulho contra o entretenimento destrutivo. Precisamos nos envolver com o governo, defendendo os líderes governamentais tementes a Deus e íntegros ou entrando na arena política nós mesmos. Precisamos participar da educação, fazendo barulho sobre as coisas horríveis que estão entrando furtivamente no nosso sistema educacional e defendendo o ensinamento sadio, como o ensino da abstinência em educação sexual. Precisamos dar suporte a negócios que representem valores morais, como o Hobby Lobby e o Chick-fil-A, nos Estados Unidos, e deixar nossa voz ser ouvida. Lembre-se de que, se somos donos de empresas, temos a oportunidade de apoiar causas sadias em nossa comunidade. Todos já ouviram o locutor em jogos de futebol ou concertos dizer: "É hora de fazermos barulho!". Bem, esta é a palavra para o Corpo de Cristo: "É hora de fazermos barulho!". Vamos fazer isso com todo o coração e de uma maneira criativa que estimule as pessoas a ouvir.

Para ter acesso à experiência *Recriar* completa, visite o site www.battlecry.com para assistir aos vídeos e encontrar outras informações.

Capítulo 26

Adolescentes que Estão Mudando a Própria Geração

Ao viajar por todo o país falando para centenas de milhares de adolescentes todos os anos, é empolgante ver que os jovens estão começando a entrar no meio da batalha para retomar sua geração. Tenho ouvido histórias muito inspiradoras de jovens que não ficaram sentados deixando que a cultura destruísse seus companheiros. Espero que estas histórias inspirem você, o incentivem e o estimulem a agir.

Moralidade no Shopping

A *Victoria's Secret* estava tendo o que pensava ser mais um dia de negócios, quando um grupo de trinta adolescentes decidiu tentar incutir um pouco de bom-senso na loja da rede do shopping local. O grupo ficou do lado de fora da loja, enquanto o primeiro jovem entrou e perguntou pelo gerente. O gerente veio atendê-lo e o jovem lhe disse: "Senhor, poderia por favor retirar estes cartazes? Eles não fazem bem para a nossa geração; não é bom que os rapazes os vejam; eles nos fazem olhar para as mulheres de todas as maneiras erradas;

eles não dão à mulher a dignidade que elas merecem". O gerente ficou furioso e o expulsou da loja.

Então, o segundo membro do grupo de jovens entrou na loja e pediu para ver o gerente. O gerente veio e o jovem lhe disse: "Senhor, o senhor poderia por favor retirar os cartazes? Eles estão destruindo nossa geração, destruindo a maneira como olhamos para as mulheres". O gerente furioso o expulsou. Depois, entrou o número três. Ele também pediu para ver o gerente e a mesma cena se repetiu. Todos os trinta membros do grupo entraram na loja, um de cada vez.

Finalmente, depois que o gerente expulsou o último jovem, todo o grupo entrou na loja e pediu: "Senhor, poderia por favor retirar os cartazes? Não sabe que eles estão destruindo nossa geração? O senhor não se incomoda com o que está fazendo conosco?". A loja inteira silenciou completamente. Os compradores ficaram estáticos ao ouvirem aqueles jovens. De maneira cuidadosa, o gerente, derrotado, começou a retirar os cartazes.

Isso sim foi um exemplo de um grupo jovem que teve uma ideia e um modo criativo de impactar a cultura. O que eles fizeram não foi apenas proteger a si mesmos, mas também a todos os demais jovens de sua comunidade de serem expostos ao lixo que a *Victoria's Secrets* coloca nas vitrines de suas lojas.

Removendo o Produto das Prateleiras

Durante o Natal, um grupo de jovens do Arizona soube de uma loja que estava vendendo o que eles chamavam de "pornamentos". Esses ornamentos eram na verdade pornografia. Nós, da Teen Mania, soubemos disso e mandamos um email para toda a nossa listagem de jovens em todo o país para ver se eles poderiam fazer algo a respeito dessa espécie de itens sendo vendidos durante o Natal. Os jovens começaram a ir às lojas com pequenas câmeras de vídeo e confrontaram os vendedores, perguntando a eles: "Não existe mais nada sagrado? Nem mesmo o Natal?". Alguns vendedores deixaram o trabalho e se demitiram. Outros gerentes decidiram tirar os "pornamentos" das prateleiras imediatamente. Então o grupo de jovens decidiu ser mais esperto e confrontar o fabricante daqueles itens que estavam sendo vendidos nas lojas em todo o estado do Arizona. O grupo escreveu uma carta pedindo que a companhia pusesse fim às vendas. A companhia tirou mesmo o item de seu inventário, apenas porque um grupo de jovens entrou em ação.[1]

Cruzada Contra a Escravidão

Zack Hunter é outro jovem que, aos quinze anos, iniciou uma cruzada em todo o país para acabar com a escravidão, como nós a conhecemos. Quando tinha doze anos, ele começou a ler livros sobre a escravidão e descobriu que existem vinte e sete milhões de escravos atualmente.[2] Ele seguiu em frente e fundou uma organização chamada Loose Change to Loosen Chains para encorajar jovens e adultos a levantar fundos para dar suporte a organizações antiescravagistas como a IMJ, Free the Slaves, Child Voice International, Rug Mark e Justice For Children International. Atualmente, Zack é o porta-voz global da campanha Walden Midia's Amazing Change e autor do livro *Be the Change: Your Guide to Freeing Slaves and Changing the World in 45 Days While Still Going to School*[3]. (Seja a Mudança: Seu Guia Para Libertar Escravos e Mudar o Mundo em 45 Dias Enquanto Continua Indo à Escola). Como o próprio Zach diz: "Precisamos levantar dinheiro para fazer isso. Precisamos deter a escravidão internacional e a escravidão ao redor do mundo onde pessoas aos milhões ainda são escravas de regimes opressores".

Adolescente se Torna Prefeito

Aos dezesseis anos, Michael Sessions decidiu concorrer ao cargo de prefeito de sua cidade, em Michigan. Ele fez com que todos os seus amigos participassem de sua campanha, embora não tivessem ainda idade para votar. De início as pessoas pensaram que aquilo era uma brincadeira, mas no dia da eleição Michael realmente ganhou o posto de prefeito de sua cidade. Ele passa metade de seus dias do seu último ano no Ensino Médio na escola e assume suas responsabilidades como prefeito na outra metade (em sua cidade, ser prefeito é um emprego de meio período).[4]

Revolução no Campus

Antes que o jovem fosse para a Academia da Honra durante seu último ano na escola, Deus criou uma revolução no coração de Jordan Kintner que, por sua vez, revolucionou sua escola. O seu último ano escolar estava quase no fim e ele desejava muito causar um impacto em sua escola. Embora Deus tivesse anteriormente usado Jordan e outros jovens de seu grupo para começar uma reunião de oração no campus, ele ainda não estava satisfeito. Assim, certo dia, enquanto estava sentado em sua classe, Jordan orou: "Deus, se Tu puderes me usar para tocar esta escola para Ti, faça isto. Ajuda-me, Senhor, a causar um impacto em minha classe que seja lembrado, para Ti".

Somente alguns minutos depois de ter feito essa oração, uma jovem da direção do corpo docente surgiu e perguntou se ele poderia fazer o discurso de despedida de sua classe no culto que aconteceria na mesma semana de sua formatura. O coração de Jordan deu um salto quando a jovem disse que ele poderia falar sobre qualquer assunto religioso.

Poucos meses depois, chegou o dia do culto de formatura. Durante a apresentação, Jordan disse ao grupo de cerca de duzentas pessoas presentes que somente um relacionamento com Jesus Cristo poderia satisfazer os anseios do coração. Ele convidou os presentes a vir conversar com ele e pediu-lhes que não deixassem que suas palavras fossem apenas uma mensagem, mas permitissem que elas mudassem sua vida.

Jordan declara: "Isso é algo que fiz para Deus em minha adolescência que, suponho, você poderia chamar de 'dramático', mas com toda a sinceridade, não vejo isso dessa maneira. Eu estava apenas tentando fazer diferença em minha escola".[5]

Os Biscoitos de Jesus

Brianna Keleher é uma adolescente que também está fazendo diferença. Em setembro de 2006, Brianna foi ao evento Acquire the Fire que aconteceu em Amherst, em Massachusetts. A certa altura, durante a reunião, um anúncio feito pela missão Compassion International capturou imediatamente sua atenção. Quando teve oportunidade, Brianna foi até o stand da Compassion International e, dentro de minutos, se tornou a orgulhosa madrinha de uma criança em Lima, no Peru.

Brianna sabia que havia muitos alunos em sua escola que também gostariam de ajudar, mas que não assumiriam a responsabilidade de patrocinar uma criança sozinhos. Assim, ela teve a ideia de vender "Biscoitos de Jesus" para sua classe e entregar o produto da venda para a Compassion International. Dentro de três dias, Brianna começou a vender os biscoitos e, do início de outubro até o início de junho, ela foi conhecida como a "Dama dos Biscoitos". Os biscoitos de Jesus eram feitos pelos jovens, comprados por jovens e o produto beneficiava uma jovem. Brianna descobriu que vender os biscoitos também proporcionava a ela uma ótima oportunidade para dizer aos jovens o que é a Compassion International. Ainda hoje ela é conhecida como a "Dama dos Biscoitos" em sua escola.[6]

Para ter acesso à experiência *Recriar* completa, visite o site www.battlecry.com para assistir aos vídeos e encontrar outras informações.

Conclusão

Do Outro Lado do Seu Sonho

"Derramarei do Meu Espírito... e os seus filhos e as suas filhas profetizarão...". Já lemos essa passagem bíblica de Joel 2 diversas vezes. Assim, minha pergunta a cada leitor é: "Quem são esses filhos e filhas? Eles são apenas os que estão em sua casa? São apenas aqueles que você realmente criou ou eles abrangem mais do que isso?". Estimulo você a pensar que seus filhos e suas filhas são os filhos e as filhas de seu país; aqueles sobre quem temos falado em todo o livro; são eles os que têm sido atormentados e subjugados por aqueles que desejam lucrar à custa da sua destruição. Eles são os filhos e as filhas dos Estados Unidos e os filhos e as filhas do mundo. Nossa responsabilidade vai além daqueles que vivem em nosso lar e abrange aqueles que estão vivendo nessa cultura que estamos permitindo prosperar entre nós.

Temos falado em todo este livro sobre oportunidades e sobre como podemos recriar a cultura em nosso lar, em nossa comunidade, em nossa nação, em nosso mundo. Tudo começa com os visionários. Alguém precisa ter um sonho. Portanto, a mensagem deste livro não tem o objetivo de pedir educadamente que você tenha um sonho, mas sim instigá-lo a perceber que nós *devemos sonhar* por nossos filhos ou alguém mais o fará. Se não sonharmos por eles, a Microsoft sonhará.

As pessoas que criam as mais perversas letras musicais do mundo sonharão por nossos filhos. Este não é um convite educado. É uma ordem. Se não sonharmos, o futuro dos Estados Unidos e, na verdade, o futuro de um bilhão de adolescentes no mundo, repousará nas mãos daqueles que terão sonhos de destruição para eles.

Do outro lado do seu sonho estão os jovens à espera de esperança, visão e orientação; eles estão em busca de valorização e daqueles que demonstrarão e expressarão o valor que eles têm. Precisamos sonhar e não apenas porque "oh, realmente é bem 'legal' ter um sonho e fazer algo puro", mas por amor à vida de pessoas de verdade que estão sofrendo e sendo destruídas porque aqueles que possuem virtudes morais se recusaram a sonhar por elas. Bem, esse tempo terminou. Chegamos ao fim deste livro, o que significa que você tem alguma coisa em seu íntimo que o está constrangendo a fazer algo sobre o futuro dos seus jovens. Portanto, é hora de agir.

Junte-se a outras pessoas, leia este livro com elas e comecem a ter sonhos. Saiam em busca dos jovens de sua comunidade. É hora daqueles que desejam isso realmente se levantarem para serem visionários. É tempo de parar com as acusações e de falar sobre as regras morais desta geração e como tudo é ruim. Agora é hora de fazer alguma coisa a respeito, expressando criativamente o poder de Deus operando através de você para criar um sonho que conquiste o coração dessa jovem geração. Juntos, podemos recriar o futuro da nossa juventude.

Notas

Introdução

1. Jon Walker, "Family Life Council Says It's Time to Bring Family Back to Life," Southern Baptist Council, 12 de junho de 2002 http://www.sbcannualmeeting.net/Sbc02/newaroom/newapage.asp?ID=261 (acessado em maio de 2008).

Capítulo 1: Geração fora de controle

1. "12-Year-Old Beats Toddler to Death with Bat, Police Say." *The Associated Press,* 06 de janeiro de 2008. http://www.cnn.com/2008/CRIME/01/06/ infant.killed.ap/ (acessado em maio de 2008).
2. "Teacher Arrested After Offering Good Grades for Oral Sex," *The Associated Press,* 21 de dezembro de 2007. http://www.foxnews.com/story/0,2933, 317611,00 .html (acessado em maio de 2008).
3. Jeremy P. Meyer, "Birth Leave Sought for Girls," *The Denver Post,* 7 de janeiro de 2008. http://www.denverpost.com/news/ci_7899096 (acessado em maio de 2008).
4. "Colorado Teens Accused of Killing 7-year-old Girl with 'Mortal Kombat' Game Moves," *The Associated Press,* 20 de dezembro de 2007. http://www.foxnews.com_/story/0,2933, 317544,00.html (acessado em maio de 2008).
5. "Teen Accused of Trying to Rape a 62-year-old Woman," *ABC2News,* 10 de janeiro de 2008. http://www.topix.com/editor/profile/abc2news (acessado em maio de 2008).
6. "6th-grade Teacher Gets 10 Years in Prison for Sex with 13-year-old Boy," *The Associated Press,* 17 de março de 2007. http://www.foxnews.com/story/0,2933, 259370,00.html (acessado em maio de 2008).
7. "Mom: Michigan Teen Shooter Stopped Taking Medication Before Killing," *The Associated Press,* 9 de março *de* 2007. http://www.foxnews.com/story/0, 2933,258023,00.html (acessado em maio de 2008).
8. "Nevada Suspect Arraigned in Case of Videotaped Rape of Girl, 3," *Fox News,* 17 de outubro de 2007. http://www.foxnews.com/story/0,2933,302529,00. html (acessado em maio de 2008).
9. "U.S. Prosecutor Accused of Seeking Sex with Girl, 5," *Fox News,* 18 de setembro de 2007.http://www.foxnews.com/story/0,2933,297152,00.html (acessado em maio de 2008).

10. "Cops:Texas Girl, 6, Found Hanging in Garage Was Sexually Abused," *Fox News,* 17 de setembro de 2007. http://www.foxnews.com/story/0,2933,296585,00.html (acessado em maio de 2008).
11. "Michigan Mom Gets 12 to 22 Years for Sex 'Contract' on Underage Daughter," *The Associated Press,* 19 de junho de 2007. http://www.foxnews.com/story/0,2933, 284255,00.html (acessado em maio de 2008).
12. "Man Gets 20 Years for Bizarre internet Love Triangle Murder," *The Associated Press,* 27 de novembro de 2007. http://www.foxnews.com/story/ 0,2933,313343,00.html (acessado em maio de 2008).
13. "Four College Students Shot Execution-style in Newark, N.J." *The Associated Press,* 06 de agosto de 2007. http://www.foxnews.com/story /0,2933,292200,00.html (acessado em maio de 2008).
14. "Young Mother Charged After Her 10-month-old Boy Recorded Sipping Gin and Juice," *The Associated Press,* 23 de junho de 2007. http://www.foxnews. com/story/ 0,2933,286193,00.html (acessado em maio de 2008).
15. Corey Moss, "Madonna Smooches with Britney and Christina; Justin, Coldplay Win Big at VMAs," *MTV.com,* 28 de agosto de 2003. http://www.mtv.com/news/articles/1477729/20030828/spears_britney.jhtml?headlines=true (acessado em maio de 2008).
16. Jeff Leeds, "Spears's Awards Fiasco Stirs Speculation About Her Future," *New York Times,* 13 de setembro de 2007. http://www.nytimes.com /2007/09/13/arts/music/13brit.html (acessado em maio de 2008).
17. "Winehouse Dominates Grammys with 5 Wins," *The Associated Press,* 11 de fevereiro de 2008. http://www.msnbc.msn.com/id/23100297/ (acessado em maio de 2008).
18. Veronica Schmidt, "An Amy Winehouse Weekend: From the Police Cells to the Rich List," Times Online, 28 de abril de 2008. http://entertainment.timesonline .co.uk/tol/arts_and_entertainment/music/article3832374.ece.
19. "Annual Estimates of the Population by Sex and Five-Year Age Groups for the United States: April 1, 2000 to July 1, 2007," U.S. Census Bureau. http://www.census.gov/popest/national/asrh/NC-EST2007-sa.html (acessado em maio de 2008).
20. Lauren Ohayon, "I Need It, Mommy!" *That Money Show,* WNET New York. http://www.pbs.org/wnet/moneyshow/cover/111000.html (acessado em maio de 2008).
21. Stefanie Olsen, "Teens and Media: a Full-time Job," *CNET News.com,* 07 de dezembro de 2006. http://www.news.com/2100-1041_3-6141920.html (acessado em maio de 2008).
22. Douglas Rushkoff, "Merchants of Cool." *Frontline.* http://www.pbs.org/wgbh/pages/frontline/shows/cool/view/ (acessado em maio de 2008).
23. "Viacom Profit Rises on Asset Sale, 'Transformers,'" *Reuters,* 2 de novembro de 2007. http://www.cnbc.com/id/21593581/ (acessado em maio de 2008).

Capítulo 2: NÃO SOMOS VISIONÁRIOS

1. "MediaViolence The American Academy of Pediatrics, 5 de novembro de 2001, vol. 108, n. 5,pp. 1222-1226. http://aappolicy.aappublications.org /cgi/content/ full/pediatrics;108/5/1222 (acessado em maio de 2008).
2. Diane Swanbrow, "RealViolence," *University of Michigan News,* 2005. http://www. umich.edu/news/research/story/violence.htm (acessado em maio de 2008).
3. "Number of Sexual Scenes on TV Nearly Double Since 1998," The Kaiser Family Foundation,1998-2005 data. http://www.kff.org/entmedia/entme dia110905nr.cfm (acessado em maio de 2008).
4. Casey Williams, "MTV Smut Peddlers: Targeting Kids with Sex, Drugs, and Alcohol," Parents Television Council, Março de 2004. http://www.parentstv.org/ PTC /publications/reports/mtv2005/main.asp (acessado em maio de 2008).
5. Berry, Sandra H., Rebecca L. Collins, Marc N. Elliot et al, "Watching Sex on Television Predicts Adolescents Initiation of Sexual Behavior," *Pediatrics,* Setembro de 2004, vol. 114,n. 3, pp. e280-e289 http://pediatrics .aappublications .org/ cgi/content/full/114/3/e280 (acessado em maio de 2008).
6. Roger Friedman, "No Buyers for Dakota Fanning Rape Movie," *Fox News,* 25 de janeiro de 2007. http://www.foxnews.com/story/0,2933,246698,00.html (acessado em maio de 2008).
7. Dr. Macenstein, "Bill Gates Spies on His Kids, Limits internet Access," Macenstein, 21 de fevereiro de 2007. http://macenstein.com/default/archives/538 (acessado em maio de 2008).
8. "Cruise and Spielberg Limit Their Kids' TV Viewing," *Hellomagazine.com,* 27 de setembro de 2002. http://www.hellomagazine.com/film/2002/09/27 /cruisespielberg (acessado em maio de 2008).

Capítulo 3: O TRAIÇOEIRO CONTROLE DA CULTURA

1. Judith Kohler, "Colorado Church Gunman Had Been Kicked Out *Brie tbart.com,* 10 de dezembro de 2007. http://www.breitbart.com /article. php?id=D8TEUPFG0&show_article=1 (acessado em maio de 2008); "Church Gunman Left Online Rant Between Shootings," *Denver News,* 11 de dezembro de 2007. http://www.thedenverchannel.com/news/14822541/detail.html (acessado em maio de 2008).
2. Lynn Bartels and Carla Crowder, "Fatal Friendship," *Rocky Mountain News,* 22 de agosto de 1999. http://denver.rockymountainnews.com/shooting /0822fata1. shtml (acessado em maio de 2008).
3. "Jamie Lynn Spears Biography (1991-)," Biography.com. http://www. biogra phy.com/search/article .do?id=262390&page=print
4. Ben Thompson, "Tell Us Your Story," *Honor Academy Intern,* Janeiro de 2008.

Capítulo 4: COMO DEIXAMOS A CULTURA INVADIR NOSSOS LARES

1. David Walsh, Ph.D., "Video Game Violence and Public Policy," paper presented at Playing bythe Rules: The Cultural Policy Challenges of Video Games, 26-

27 de outubro de 2001, Chicago, Illinois. http://culturalpolicy.uchicago. edu/conf2001/papers/walsh.html (acessado em maio de 2008).

2. Mary A. Hepburn, "Violence in Audio-visual Media: How Educators Can Respond," *ERIC* Digest, abril de 2001. http://www.ericdigests.org/2001-4/violence.html (acessado em maio de 2008).
3. Walsh, "Video Game Violence and Public Policy."
4. Glenn Chapman, "U.S. Video Game Sales Soar to Record 17.9 Billion Dollars," AFP, 19 de janeiro de 2008. http://afp.google.com/article/ALeqM5jH 1jm0BaYBUspP7YByrHm_hPsGUw (acessado em maio de 2008).
5. Linda S. Mintle, Ph.D., "Exposure to Violent Video Games Can Increase Aggressive Behavior, *Charisma",* de estudo conduzido em 1998 envolvendo Sega e Nintendo.
6. Jeremiah Owyang, "Social Network Stats: Facebook, MySpace, Reunion", Web Strategy by Jeremiah, Janeiro 2008. http://www.web-strategist.com/blog/2008/01/09/social-networkstats-facebook-myspace-reunion-jan-2008/ (acessado em maio de 2008); Alex Moskalyuk, "Age Demographics of MySpace Visitors," IT Facts, ZDNet, 30 de outubro de 2006. http://blogs.zdnet.com/ITFacts/?p=11967 (acessado em maio de 2008).
7. "Press Room: Statistics," Facebook.com, 2008. http://www.facebook.com/press/info.php?statistics (acessado em maio de 2008); Andrew Lipsman, "Facebook Sees Flood of New Traffic from Teenagers and Adults," ComScore, 5 de julho de 2007 (dados de maio de 2007). http://www.comscore.com/press/release.asp?press=1519 (acessado em maio de 2008).
8. "You're 15: Who's Watching You Online?" *CBS News,* 14 de junho de 2006. http://www.cbsnews.com/stories/2006/06/08/gentech/main1696408.shtml?source=RSS&attr=_1696408 (acessado em maio de 2008).
9. "Report: Feds Probe internet Suicide," *San Francisco Chronicle,* 9 de janeiro de 2008. http://www.sfgate.com/cgi-bin/article.cgi?f=/n/a/2008/01/08/national/a171155S85.DTL&type=politics (acessado em maio de 2008).
10. Christy Oglesby, "Cells, Texting Give Predators Secret Path to Kids," *CNN.com,* 11 de janeiro de 2008. http://www.cnn.com/2008/CRIME/01/11/teachers.charged/ (acessado em maio de 2008).
11. "Pornography and Sadistic Violence", Pro-Life: Promoting a Culture of Life, dados fundamentados no estudo da Nielsen tevê Rating Service. http://www.prolife.org.ph/filemanager/download/45/Pornography_and_Sadistic_violence.pdf (acessado em maio de 2008).
12. "Children and Media Facts," National Institute on Media and the Family. http://www.mediafamily.org/facts/facts.shtml (acessado em maio de 2008); "'Media Multi-tasking' Changing the Amount of Nature of Young People's Media Use," The Henry J. Kaiser Family Foundation. 9 de março de 2005. http://www.kff.org/entmedia/entmedia030905nr.cfm (acessado em maio de 2008).

Capítulo 5: Um para-choque cultural para sua família

1. "Internet Pornography Statistics," My Kids Browser, LLC. http://www.mykids-browser.com/internet-pornography-statistics.php (acessado em maio de 2008).
2. Margaret Webb Pressler, "For Texting Teens, an OMG Moment When the Phone Bill Arrives", *Washington Post*, 20 de maio de 2007. http://www.washingtonpost.com/wp-dyn/content/article/2007/05/19/AR 2007051901284 .html (acessado em maio de 2008).
3. Michael Rubinkam, "Cell Phone Porn Scandal Hits U.S. School," *The Associated Press,* 25 de janeiro de 2008. http://www.msnbc.msn.com/id/22840727/ (acessado em maio de 2008).
4. "Cops: High School Students Traded Nude Pics of Themselves over Cell Phones," *The Associated Press,* 16 de janeiro de 2008. http://www.foxnews.com/story/0,2933,323373,00.html (acessado em maio de 2008).
5. "Trading Nude Photos Via Mobile Phone Now Part of Teen Dating, Experts Say," *The Associated Press,* Segunda-Feira, 14 de abril de 2008. http://www.foxnews.com/story/0,2933,351171,00.html (acessado em maio de 2008).
6. "AT&T SmartLimitsTM,"AT&T.http://www.att.com/gen/sites/smartlimits?pid=8938 (acessado em maio de 2008).
7. Dionne Searcey, "Keeping Junior on a Wireless Leash," *Washington Post*, 04 de setembro de 2007. http://online.wsj.com/article/SB118886181929516309.html?mod=googlenews_wsj (acessado em maio de 2008).

Capítulo 6: Criação conveniente = filhos que sofreram lavagem cerebral

1. "Dual Income: Blessing or Curse?" Marriage—Families, 17 de junho de 2006. http://marriage.families.com/blog/dual-income-blessing-or-curse (acessado em maio de 2008).
2. Arnaud De Borchgrave, "Time for tevê Detox", *United Press International,* 05 de março de 2007. http://www.terradaily.com/reports/Time_For_TV_Detox_999.html (acessado em maio de 2008); Stefanie Olsen, "Teens and Media: A Full-Time Job," *CNET News.com*, 7 de dezembro de 2006. http://www.news.com/Teens-and-media-a-full-time-job/2100-1041_3-6141920.html (acessado em maio de 2008).

Capítulo 7: Quem é dono do coração deles?

1. Lena Bluestein, "A Generation Impacted Equals a Country Changed," Definitiv by Lena Bluestein, 29 de abril de 2006. http://www.lenabluestein.com/blogs/2006/04/a_generation_im.html (acessado em maio de 2008).

Capítulo 8: Janelas para o coração

1. "Depression: Suicide Warning Signs," International Still's Disease Foundation. http://www.stillsdisease.org/related_diseases/depression (acessado em maio de 2008).
2. "Why Young People Join Gangs and What You Can Do," Violence Prevention Institute, Inc.http://www.violencepreventioninstitute.org/youngpeople.html (acessado em maio de 2008).

Capítulo 9: COMUNICANDO SEUS VALORES

1. Joseph A. D'Agostino, "Hollywood Makes 'R' Movies, While 'G' Movies Makes Money", FindArticles.com, 5 de março de 1999. http://findarticles.com/p/articles/mi_qa3827/is_199903/ai_n8848353 (acessado em maio de 2008).
2. "A boa reputação vale mais que grandes riquezas; desfrutar de boa estima vale mais do que prata e ouro" (Provérbios 22:1, NVI).

Capítulo 11: CASAMENTO FORTE = FILHOS SEGUROS

1. Glenn T. Stanton, "Defending Marriage: Debate-Tested Sound Bites," Focus on the Family. http://www.family.org/socialissues/A000001140.cfm (acessado em maio de 2008).
2. Jonathan M. Honeycutt, Ph.D (c), M.P.A., M.A., I.P.C., "Ninety Percent of Divorced Fathers Have Less than Full Custody of Their Children," Center for Children's Justice, Inc. http://www.childrensjustice.org/stats.htm (acessado em maio de 2008).

Capítulo 12: NADA SUBSTITUI A DEDICAÇÃO INDIVIDUAL

1. D'Vera Cohn, "Do Parents Spend Enough Time with Their Children?" Population Reference Bureau, Janeiro de 2007. http://www.prb.org/Articles/2007/DoParentsSpendEnoughTimeWithTheirChildren.aspx (acessado em maio de 2008).
2. David C. Atkins and Andrew Christensen, "Is Professional Training Worth the Bother? A Review of the Impact of Psychotherapy Training on Client Outcome," *Australian Psychologist*36, no. 2 (Julho de 2001): 122-130.

Capítulo 14: MOSTRE-ME COMO VOCÊ GASTA SEU DINHEIRO E EU LHE MOSTRAREI O QUE VOCÊ VALORIZA

1. Teresa McEntire, "How Much Do You Spend on Christmas?" Families.com, LLC, 17 de novembro de 2006. http://parenting.families.com/blog/how-much-do-you-spend-on-christmas (acessado em maio de 2008).

Capítulo 16: UMA GERAÇÃO LONGE DA EXTINÇÃO

1. "Most Twentysomethings Put Christianity on the Shelf Following Spiritually Active TeenYears," The Barna Group, Ltd., 11 de setembro de 2006. http://www.barna.org/FlexPage.aspx?Page=BarnaUpdate&BarnaUpdateID=245 (acessado em maio de 2008).
2. "American Church Research Project: Surprising Stats in New Church Research—Nationwide Church Attendance Less than Half of Previous Estimates," NewNE.net, 12 de outubro de 2006. http://leondejuda.org/db_public/u14_public/index_EN.php?display=onepage&what=1578 (acessado em maio de 2008).
3. "Church Attendance," The Barna Group, Ltd. http://www.barna.org/FlexPage.aspx?Page=Topic&TopicID=10 (acessado em maio de 2008).
4. David T. Olson, "The State of the American Church Powerpoint, Slide 19," The American Church Research Project, 2006. See the powerpoint presentation at http://theamericanchurch.org/.

5. Win Arn, *The Pastor's Manual for Effective Ministry* (Monrovia, CA: Church Gro wth, 1988), p. 41.
6. John Jalsevac, "The World's 'Most Dangerous' Spiritual Guru: Oprah Begins 10-Week Online New Age Class," *Life Site News,* 7 de março de 2008. http://www.lifesitenews.com/ldn/printerfriendly.html?articleid=08030701 (acessado em maio de 2008); "The Church of Oprah Exposed," YouTube, LLC, 26 de março de 2008. http://youtube.com/watch?v=JW4LLwkgmqA&feature=relat ed (acessado em maio de 2008).
7. "Saved! (2004)," IMDb.com, Inc. http://www.imdb.com/title/tt0332375/ (acessado em maio de 2008).
8. "German Politician Has Cure for 7-Year Itch," *RTÉ Commercial Enterprises Limited,* 20 de setembro de 2007. http://www.rte.ie/news/2007/0920/marriage.html (acessado em maio de 2008).
9. "Erdogan Slams Newspapers for Publishing Pictures of 'Naked Women' Photos," *TheAssociated Press,* 13 de fevereiro de 2008. http://www.hurriyet.com.tr/en glish/8224145.asp?gid=74&sz=32297 (acessado em maio de 2008).
10. Paul Belien, "Jihad: It's About Abortion and Gays, Stupid! Or Isn't It?" *The Brussels Journal,* 16 de março de 2006. http://www.brusselsjournal.com/node/918 (acessado em maio de 2008).
11. "Naked News Media Advisory: Naked News Moves on Europe," PR Newswire Europe,Ltd., 5 de agosto de 2007. http://www.prnewswire.co.uk/cgi/news/release?id=127868 (acessado em maio de 2008).
12. Tom Lowry, "Can MTV Stay Cool?" The McGraw-Hill Companies Inc., 20 de fevereiro de 2006. http://www.businessweek.com/magazine/content/06_08/b3972001.htm (acessado em maio de 2008).
13. "Evangelism Is Most Effective Among Kids," The Barna Group, Ltd., 11 de outubro de 2004. http://www.barna.org/FlexPage.aspx?Page=BarnaUpdate&Bar naUpdateID=172 (acessado em maio de 2008).

Capítulo 17: Criando uma igreja que os adolescentes queiram frequentar

1. Jon Walker, "Council Says It's Time to Bring Family Back to Life," Southern Baptist Convention, 12 de junho de 2002. http://www.sbcannualmeeting.net/sbc02/newsroom/newspage.asp?ID=261 (acessado em maio de2008).
2. Dave Earley, "The Desperate Need for New Churches," Liberty University, 17 de julho de 2006. http://209.85.141.104/search?q=cache:cZ4GFhpdTxoJ:htt ps://www.liberty.edu/media/1162/cmt/The%2520Desperate%2520Need%2 520for%2520New%2520Churches%25202%2520page.doc+Bill+Easum,+%E 2%80%9CThe+Easum+Report&hl=en&ct=clnk&cd=2&gl=us (acessado em maio de 2008).
3. "Resources: Marketing to Kids," CBS Interactive, Inc., 17 de maio de 2007. http://www.cbsnews.com/stories/2007/05/14/fyi/main2798401.shtml (acessado em maio de 2008).

Capítulo 18: Visionários para Deus

1. Anna Carugati, "Interviews: Bill Roedy," WSN Inc., outubro de 2007. http://www.worldscreen.com/interviewscurrent.php?filename=Roedy1007.htm (acessado em maio de 2008).
2. Veja o Dream Center em www.dreamcenter.org.
3. "E Jônatas disse a seu escudeiro: 'Vamos ao destacamento daqueles incircuncisos. Talvez o SENHOR aja em nosso favor, pois nada pode impedir o SENHOR de salvar, seja com muitos ou com poucos'" (1 Sm 14:6).
4. "Sua pregação fará com que os corações dos pais se voltem para seus filhos, e os corações dos filhos para seus pais..." (Ml 4:6, *NLT- tradução livre*).

Capítulo 19: A anatomia de uma igreja NextGen

1. "State of American Teens," BattleCry.com. http://www.battlecry.com/files/NYAM/Youth%20Awareness%20Sunday%20Powerpoint.ppt (acessado em maio de 2008).
2. Ver Hillsong Church at www2.hillsong.com.
3. Ver Prestonwood Baptist Church website at www.prestonwood.org.
4. Ver New Life Church at www.newlifechurch.org.
5. Ver Bethany World Prayer Center at http://www.bethany.com/ (acessado em maio de 2008).
6. Ver Fellowship Church at www.fellowshipchurch.com.
7. Ver The City Church at http://www.thecity.org.
8. Joanie Aprill, "Tell Us Your Story," *Honor Academy Graduate Intern*, August School of Worship 2007-2008, 09 de janeiro de 2008.
9. Sarah Neumann, "Tell Us Your Story," *Honor Academy Intern*.
10. Sarah Garnett, "Tell Us Your Story," *Honor Academy Intern*.

Capítulo 20: Igrejas que rompem com os padrões: histórias do double vision

1. "Cool Conversations/Interviews: Interview with Jim Burns," The Source for Youth Ministries,Julho, 11 de julho de 2000. http://www.thesource4ym.com/interviews/jimburns.asp (acessado em maio de 2008).

Capítulo 21: Visionários sempre vencem (a guerra da cultura)

1. "The Big Five of Commercial Media," World-Information.org. http://world--information.org/wio/infostructure/100437611795/100438659010 (acessado em maio de 2008).
2. Laurie Goodstein, "Evangelicals Fear the Loss of Their Teenagers," *New York Times,* outubro de 2006. http://www.nytimes.com/2006/10/06/us/06evangelical.html?_r=1&sq=Ron%20Luce&st=nyt&adxnnl=1&oref=slogin&scp=4&adxnnlx=1209582050-VudW4yeTjRmHr3NjBDsqcQ (acessado em maio de 2008).

Capítulo 22: Paralisado pelo comum

1. "More on the Britney-Madonna Kiss!" *The Associated Press,* 5 de setembro de 2003. http://www.cbsnews.com/stories/2003/09/05/entertainment/main571865.shtml (acessado em maio de 2008).

Capítulo 23: Vencendo a guerra das relações públicas

1. Nicole Geary, "Local Teens Rally for Their Generation," *Lansing State Journal,* 12 de maio de 2006. http://www.wzzm13.com/news/news_article.aspx?storyid=54336 (acessado em maio de 2008).
2. "Teens in Cape Girardeau Protest Sex and Violence in Media," *Southeast Missourian,* 13 de maio de 2006. http://medialab.semissourian.com/story/1152572 (acessado em maio de 2008).
3. Deborah Sederberg, "Church Protests Sex, Violence in Media," *The News-Dispatch,* 13 de maio de 2006. http://nl.newsbank.com/nl-search/we/Archives (acessado em maio de 2008).
4. "Teens Spurn Negative Values, Farmington Group's Rally Decries Drink, Drugs, Sex," *The Detroit News,* 13 de maio de 2006. http://nl.newsbank.com/nl-search/we/Archives (acessado em maio de 2008).
5. Ryan Myers, "Teens Seeking Morality Gather for 'BattleCry,' " *Midland Reporter-Telegram,* 10 de maio de 2006. http://nl.newsbank.com/nl-search/we/Archives (acessado em maio de 2008).
6. Kristin E. Holmes, "Teen Crusade: Tune Out, Not In, A Christian Group Comes to Town with a Message on Pop Culture," *The Philadelphia Inquirer,* 13 de maio de 2006. http://nl.newsbank.com/nl-search/we/Archives (acessado em maio de 2008).
7. Stephanie Martin, "City Condems 'BattleCry' Youth Rally," Group Publishing, Inc., julho/agosto de 2006. http://findarticles.com/p/articles/mi_qa3835/is_200607/ai_n17181262 (acessado em maio de 2008).
8. David Kinnaman and Gabe Lyons, *unChristian* (Grand Rapids, MI: Baker Books, 2007).
9. "The 1972 Gay Rights Platform." http://www.article8.org/docs/general/platform.htm (acessado em maio de 2008).
10. Michael Swift, "Gay Revolutionary," *Gay Community News,* 15-21 de fevereiro de 1987. http://www.fordham.edu/halsall/pwh/swift1.html (acessado em maio de 2008).
11. David A. Wyatt, "Gay/Lesbian/Bisexual Television Characters," 9 de maio de 2008. http://home.cc.umanitoba.ca/~wyatt/tv-char2000s.html#test104 (acessado em maio de 2008).
12. "'Mom' and 'Dad' Banished by California," *WorldNetDaily.com Inc.,* 13 de outubro de 2007. http://www.worldnetdaily.com/news/article.asp?ARTICLE_ID=58130 (acessado em maio de 2008).
13. Rosamund Elwin and Michele Paulse, illustrated by Dawn Lee, *Asha's Mums* (Toronto, ON: Women's Press, 1990).

14. Taylor Gandossy, "Gay Adoption: A New Take on the American Family," *CNN.com,* 27 de junho de 2007. http://www.cnn.com/2007/US/06/25/gay.adoption/index.html (acessado em maio de 2008).
15. "COLAGEr Question for Presidential Candidates," YouTube, LLC, 13 de agosto de 2007.http://youtube.com/watch?v=DTk6Fjr3ycI (acessado em maio de 2008).
16. Bob Unruh, "'Five Pillars of Islam' Taught in Public School," *WorldNetDaily.com Inc.,* '10 de outubro de 2006. http://www.worldnetdaily.com/news/article.asp?ARTICLE_ID=52335 (acessado em maio de 2008).
17. Noreen S. Ahmed-Ullah, Sam Roe and Laurie Cohen, "A Rare Look at Secretive Brotherhood in America," *Chicago Tribune*, 19 de setembro de 2004. http://www.chicagotribune.com/news/specials/chi-0409190261sep19,1,3910166.story (acessado em maio de 2008).
18. Dr. Anis Shorrosh, D.Min., D.Phil., "Twenty-Year Plan for USA: Islam Targets America,"Dezembro de 2002. http://www.islam-in-focus.com/Press%20Release%20Christmas%202002.htm (acessado em maio de 2008).
19. Seth Mydans, "U.S. Fears Islamic Militancy Could Emerge in Cambodia," *New York Times,* 22 de dezembro de 2002. http://query.nytimes.com/gst/fullpage.html?res=9903E0DA163CF931A15751C1A9649C8B63 (acessado em maio de 2008).
20. "Number of Muslims in the United States," Adherents.com. http://www.adherents.com/largecom/com_islam_usa.html (acessado em maio de 2008).

Capítulo 24: Quem nos mandou calar?

1. Ken Anderson, "Overview of Bible Study: The Blood of the Martyrs." http://kenanderson.net/bible/html/martyrs.html (acessado em maio de 2008).
2. "Tiveram um desentendimento tão sério que se separaram. Barnabé, levando consigo Marcos, navegou para Chipre, mas Paulo escolheu Silas e partiu, encomendado pelos irmãos à graça do Senhor. Passou, então, pela Síria e pela Cilícia, fortalecendo as igrejas. (Atos 15:39-41).
3. "Michelangelo: Art for Faith's Sake," *Christianity History & Biography* 91, (2006). http://www.christianhistorystore.com/ch91michelangelo.html (acessado em maio de 2008).
4. "George Frideric Handel," *Today's Christian* 39, n. 6, (2001): 15. http://www.christianitytodaycom/tc/ 2001/006/9.15.html (acessado em maio de 2008).
5. "Testing the Faith: 'Gay Pride' Features Simulated Sex, Attacking 'Mob,'" *WorldNetDaily.comInc.,* 14 de junho de 2005. http://www.worldnetdaily.com/news/article.asp?ARTICLE_ID=44753 (acessado em maio de 2008).
6. Shaunti Feldhahn, "Are Schools Encouraging Students to Have Sex?" *Atlanta Journal-Constitution*, 27 de outubro de 2007. http://www.ajc.com/blogs/content/shared-blogs/ajc/woman/entries/2007/10/27/index.html (acessado em maio de 2008).

Capítulo 26: Adolescentes que estão mudando a própria geração

1. "Youth Group Protests Store's 'Pornaments,'" *News4Jax.com, 6 de dezembro de* 2006. http://www.news4jax.com/news/10479455/detail.html (acessado em maio de 2008).

2. "Top Ten Facts About Modern Slavery", Free the Slaves, 2007. http://www.freetheslaves.net/NETCOMMUNITY/Page.aspx?pid=375&srcid=424 (acessado em maio de 2008).
3. Jana Riess, "Abolitionist Teen Speaks Out Against Modern-day Slavery," *Religion Book Line,* 21 de fevereiro de 2007. http://www.publishersweekly.com/article/CA6418085.html (acessado em maio de 2008); Interviews with Zack can be found at www.myspace.com/lc2lc (acessado em maio de 2008).
4. "Mayor Michael Sessions," City of Hillsdale. http://www.ci.hillsdale.mi.us/sessions.htm (acessado em maio de 2008).
5. Jordan Kintner "Tell Us Your Story," *Honor Academy Intern,* Agosto 2007-2008.
6. Brianna Keleher, "Tell Us Your Story," *Honor Academy Intern,* Janeiro de 2008.

Agradecimentos

A vida nos apresenta muitas estações. E, à medida que uma chega ao fim e outra começa, as pessoas percebem que a única coisa constante e estável é o amor de um Deus fiel.

Iniciei uma jornada há mais de vinte e cinco anos, nada tendo diante de mim a não ser sonhos e esperanças de um coração desesperado por mudanças. Contudo, tive ao meu lado uma amiga leal que me ama e acredita em mim o bastante para caminhar em obediência rumo a um chamado que continua sendo definido dia a dia. Sua firme confiança é o que me motiva a também confiar, na esperança de que um dia haverá uma nova realidade — aquela com a qual eu sonho para nossos filhos. Obrigado Katie por sua força silenciosa, porque sem ela eu jamais teria sido capaz de ter o sonho de Deus para mudar o mundo alcançando uma geração, muito menos edificar um fundamento em nosso lar. É por causa desse fundamento que sou grato o bastante para apreciar os sacrifícios que meus filhos fazem seguidas vezes de forma abnegada. Hannah, Charity e Cameron, jamais imaginei que uma das maiores bênçãos que eu poderia experimentar como pai seria capturar a visão que cada um de vocês agora reflete para mim.

Também aprendi com cada nova estação que nada de grandioso pode ser realizado sozinho. Por trás de cada sucesso está um exército de incontáveis talentos que voluntariamente permanecem ocultos nas sombras para que suas habilidades possam ser usadas em benefício de uma causa maior do que eles próprios. Os Ministérios Teen Mania têm uma história rica por causa das pessoas dedicadas que vêm e vão e tornam a voltar. A verdadeira lealdade é um dom que de tão inestimável é modesto. Obrigado Charity, por fielmente editar e acrescentar sua jovem perspectiva a cada capítulo. Você é uma jovem mulher preciosa e um grande exemplo para toda a sua geração do uso dos dons concedidos por Deus para mudar o mundo. Uma das ótimas coisas sobre deste livro foi trabalhar nele juntamente com você. Obrigado Rebekah Morris, Beth King, Becky Burnham, Meredith Ambrose, Michelle Janke, Simone Nickel, Rachel Burrow e Christina Bourassa, pelas muitas horas de pesquisas e edição. Obrigado Idalia Saravia, Sarah Tagaloa e Michelle Mavridis, por se disporem a ajudar a digitar todas as minhas ideias. Obrigado Kevin Benson, por sua ajuda, suporte e, o mais importante, por sua amizade.

RON LUCE

Declaração de Missão da Teen Mania:

Desafiar a geração jovem a seguir apaixonadamente a Jesus Cristo e levar Sua mensagem vivificante até os confins da Terra!

Acquire the Fire

BattleCry

CCM

Global Expedition

Honor Academy

Local Church Partnerships

www.teenmania.org